ART × 国際協力

―世界中に風を通す扉を― Ⅱ　平和を探る

山田 猛　編著

矢加部 咲
神谷 哲郎
石田 恒平

青山社

目　次

プロローグ　　　　　　　　　　　　　　　　　　　　　　　　山田　猛
1．授かった生を如何に…… 2
2．なぜ、国際協力×造形美術なのか 3
3．ローカルなところから 5
4．平和への糸口を探るために 5
5．目ざされるところ 8

I　ART Education × NGO　"表現すること"の可能性を信じて
　　　　　　　　　　　　　　　　　　　　　　　　　　　　矢加部　咲
1．美術への扉、そして海外へ 12
2．東ティモールで美術教育の可能性を知る 14
　（1）東ティモールってどんな国？ 14
　（2）NGO Ba Futuru での表現活動を通した平和構築プロジェクト 15
　（3）東ティモールの若者から学んだ「表現すること」の可能性 23
3．カンボジアで美術教育事業に取り組む 27
　（1）そして、NGO 駐在としてカンボジアへ 27
　（2）NGO ／ NPO ってなんだろう？ 27
　（3）カンボジアの美術教育の状況、課題 29
　（4）カンボジアの教育史における美術教育の変遷と課題 31
　（5）初等科カリキュラム開発のための新規事業の形成、準備 34
　（6）カンボジアの新しい芸術教科のフレームワーク 35
　（7）目の前に山積みされた課題、解決の糸口 36
　（8）カンボジア事業の完了 38
4．NGO の駐在員として考える 40
　（1）外発的な開化と内発的な開化 40
　（2）時間をかけて見えてくるもの（カンボジアの美術教育の場合） 41
　（3）内発的な変化を促すためのヒント 44
　（4）NGO の駐在員として考え続けなくてはならないこと 48

（5）それでも、美術教育を続ける理由 53
　　　（6）美術教育支援の可能性を拡げるために 55
　5．最後に 57

Ⅱ　形を造りだす力は「繋ぐ」「越境」という言葉に帰結する
神谷　哲郎

　1．国際協力の世界へ 60
　2．大学時代に出会った人形劇 61
　3．青年海外協力隊時代に見出した ART の可能性 61
　4．月日を経て繋がる 63
　5．月日を経て、そして、海を越えて繋がる 65
　6．造形美術ではなく、違う道へ 67
　7．就学前教育、保育の質の向上に取り組む 69
　8．遊びを通じた学び 70
　9．コロナ禍で思いついた造形活動の形 73
　10．料理は垣根を低くする 83
　11．国際協力において造形・美術を生業とできるのか 86
　12．最後に 88

Ⅲ　ART でつながる国際協力
石田　恒平

　1．ART の力で何ができるのか？ 94
　2．JICA 海外協力隊を志すきっかけ 94
　3．JICA 海外協力隊の活動 97
　　　（1）モザンビーク共和国ってどこにある？ 97
　　　（2）配属先 97
　　　（3）ボランティアとしての最初の活動 98
　　　（4）活動現場における課題と教科の特性 99
　　　（5）技術移転を目的とした実践や工夫（教材・用具不足への対応） 101
　　　（6）美術教育普及への活動の場の拡大 103
　　　（7）環境に対する問題意識 106
　　　（8）活動を行う上で心がけていたこと 108
　4．東京造形大学大学院 造形教育研究領域での研究 110
　5．モザンビークの生徒達と行なった絵本制作 111
　　　（1）絵本制作の概要 112

（2）実施内容及び方法 112
　6．実践報告　～現地での活動を通じて～ 116
　　（1）アートワークショップ 118
　　（2）エル・シャダイコミュニティスクールでの実践授業 120
　　（3）作品展示会　DREAM OF ART（Art　Music　Dance）
　　　　（CCBM：Centro Cultural Brasil-Moçambique） 128
　　（4）4年ぶりの配属先の訪問 133
　7．最後に 135

Ⅳ　平和の糸口を探るための造形美術の可能性　　　　　　山田　猛

　1．実践報告から 140
　　（1）NGO・NPO活動の視点　カンボジア 141
　　（2）JICA技術協力プロジェクト専門家の視点　エジプト 143
　　（3）実践研究としての視点　モザンビーク 144
　2．国際教育協力について 145
　　（1）国際教育協力の流れ 147
　　（2）国際教育協力における課題 151
　　（3）日本のODA教育協力・美術教育関係の成果に繋がる諸要因 153
　　（4）日本のODA教育協力・美術教育関係の課題 156
　　（5）開発協力大綱 159
　3．協力における課題からの考察 161
　　（1）畏敬の念への理解 161
　　（2）一神教と多神教 164
　　（3）人類と神 167
　　（4）神話学からの考察 174
　　（5）宗教と戦争 180
　4．暴力と平和について 183
　　（1）平和とは？ 183
　　（2）なぜ人類は戦うのか ―文化人類学の思考― 184
　　（3）人類が抱える核兵器という脅威 193
　5．課題解決に向けて学術的視点での模索 202
　　（1）文化的存在としての人類 202
　　（2）比較文化的視点 205
　　（3）構造人類学の視点 210

（４）右脳と左脳 211
６．平和への糸口を探るための造形美術の可能性 219
　（１）見えない敵と対峙するための造形美術 219
　（２）核に対する造形的表現者たちの視点 222
　（３）造形的に伝える 228
　（４）造形的視点 233

　あとがき 245

あなたは何をするために
この世に生を受けたと
思いますか？

プロローグ

山田　猛

....

1．授かった生を如何に……

　あなたは何をするためにこの世に生を受けたと思いますか？　という問いに関して、すぐに答えられる人は、人生をかけて何かに打ち込めている幸せな人なのではないでしょうか。しかし、すぐにはその答えが出てこない場合もあるでしょう。もしかすると私たちは、それを探るために日々生きているのかもしれません。還暦を過ぎた筆者自身も、人生の数々の回り道をしながらそれを探ってきています。60年以上かけて探ってきている途上としてひとつ言える点は、何をするために生まれてきたのかを探っていく視点が、何気ない偶然の積み重ねのように映っていた自分の経験に某かの意味を見いだし、人生を豊かにするきっかけに繋がるのではないかということです。

　もしこの本を手に取っていて下さるあなたが社会人になる以前で、まだまだ先が見えてこない人生について不安と希望の渦巻く中で揺れ動いているとしたら、今のあなたは何に興味があるのでしょうか？　どんなことが好きで、特技や取り柄と言われるものは何かあるでしょうか？　もしくは、これにかけては苦を感じない、時間を忘れるくらい熱中できる等、そんな何かについて考えてみると、それとこの世の中にとっての必要性を何とかリンクさせることはでき

ないでしょうか？　どこかの誰かにとって必要な、笑顔を引き出すような、世の中にとって何某かの課題解決に向けて何か取り組めないでしょうか？

　子どもでも若者でも人生の年輪を重ねたベテランにとっても、年齢に関係なくどこかの誰かにとって役に立てれば、例え些細でも人にとっての大きな幸せに繋がると思われます。そして、「ここに今自分が存在し、今まさにこれをしようとすることには、何か意味があるように感じる。」と信じる何かに打ち込められれば、人生にとって大きな幸せに繋がるのではないでしょうか。世の中に必要な何かに対して自分が貢献できる某かを見いだす生き方は、人生の目的探しにも繋がるかもしれません。

２．なぜ、国際協力×造形美術なのか

　本書を手に取って頂いている方々に、「なぜ、国際協力×造形美術なのか」を考えていただく一助として、その一歩を踏み出し、選んだ道で数々の経験を重ねてこられた方々に、Ⅰ～Ⅲ章で語っていただきます。日本のODA（政府開発援助）分野を担うJICA海外協力隊経験者が、その後、非政府組織の協力活動を担うNPOやNGO、JICA専門家や教育現場、大学院における研究等で活動し、その実践報告になります。

　彼らの踏み出した分野は、どこかの誰かにとって役に立てるかもしれない国際協力分野の造形美術に関連しています。国際協力には様々な分野が見られますが、その中に造形美術関係がある点は、広く知られているとは言いがたいところです。本書は、「ART×国際協力─世界中に風を通す扉を─」の続編として、前書がJICA海外協力隊の造形美術関係者の活動にフォーカスされていたところ、その国際協力ボランティア経験を活かした上でその後の活動の発展や多様性、また直面する課題や取組み等に焦点化したものとなっています。

　国際協力分野には様々な分野がありますが、その中でも殊に造形美術に関しては世の中にあまり知られているとは言えません。それを知っていただくことで、これまで気がつかなかった何かの扉が開くきっかけになるかも知れません。本書の執筆者らの願いは、人々によって世界中に様々な扉がつくられ、開かれ、そこに風が通り、人々の往来の始まりへの展開です。単にこの分野への歩みをお勧めするという目的ではなく、自分なりの新たな人生の一歩を

踏み出すための扉の開け方の一例として受け止めていただければ幸いです。

　そもそも、筆者がこの分野に一歩足を踏み出したのは20代後半でした（その時、妻の理解と後押しが無ければ国際協力の造形美術分野の実践や研究には至っておらず、深く感謝しています）。

　学生時代から海外に興味があったため、世界をバックパッキングで回り、社会人としてはそれまで中学校で美術教育にあたっていましたが、国際社会で造形美術を通して何かできるのではないかというその可能性を10代後半からずっと考えてきました。そこで新たな一歩を踏み出したのが、学生時代から興味を持っていた青年海外協力隊（現JICA海外協力隊）でした。学生当時にその募集課の方とお話させて頂いたときに、

「まずは大学を卒業してからチャレンジしてください。」

とのことで、その後教員となり就職して間もない頃に再度希望した際に、

「数年は社会経験を積んでからチャレンジした方が良いのでは？」

とのアドバイスを応募相談で受けました。当時は、現在のような現職教員派遣制度が無かったため、相談の係の方は公務員の派遣制度に適用されるだけの経験年数を踏んでから受験するように配慮してくれたと推察します。

　少子化や日本の若者の内向き志向等が社会課題になっている日本の状況から、日本社会そのものと同様に、国際協力分野でも人材確保に苦労している今日では、上記のようなやりとりは考えられないかもしれません。いずれにしても、現在はその当時の経験がきっかけとなり、国際協力の造形美術分野の実践や研究に繋がってきています。

　還暦を過ぎて気がついたのは、自分の人生の多くの時間で関わってきた造形美術を通して教育に関わり、それらをツールや媒体として国際協力分野で人々を繋ぎ、相互理解のための仕掛けづくりに取り組んできていたという視点です。そこから、ARTの一分野でもある造形美術は、言語や国、民族……あらゆる文脈を乗り越えてダイレクトに人の心に伝わる可能性を再認識し、その力で課題を抱える国際社会において、相互理解へのツールや触媒としての可能性を引き出していけないか、という考えに至っているところです。

3．ローカルなところから

　国際協力の造形美術分野について本書は展開されますが、世界の何処に行っても、そこには長い年月をかけて延々と営まれてきたローカルな人々の暮らしがあります。俯瞰してみれば、国内にいても近所でも家庭内でも、そこは世界の中のひとつのローカルな場所です。そこにある某かの課題に向き合ってその解決に向かって動き出せれば、世界が抱える課題に対する国際協力への一歩とも捉えられます。そこで起きている何かは、世界の別のどこかでも起きている可能性があります。

　造形的視点で考えれば、ムンクが自分の思いから「叫び」を描いた作品で、時代が生んだ人類の本質的な不安を代弁することに繋がり、世界からの共感を得てきたからこそ、名画とされているところもあるのではないでしょうか。このように、一個人の思いや、ローカルな人々の願いは、もしかしたら人類や地球規模にとっても共通する普遍性を持っている可能性があり、そこには解決されるべき必要な鍵が隠されているのかもしれません。

　本書を手に取って下さっているあなたがこの世に対して何かプラスになる何かへの一歩を踏み出そうとしたり、よく知らないことを深く知ろうとする行動で、その新たな一歩から同じ思いや目的を持った人々との繋がりが生まれ、そこから何か大きな展開へと発展する可能性があるかもしれません。

4．平和への糸口を探るために

　今日のように、地球規模で紛争が起き、相互の不信感が募る国際社会が抱える課題解決の一助として、武力や経済力ではない、平和への道を探るために文化的な国際社会の形成が求められているのではないでしょうか。人類は文化的存在になる過程で、野生動物とは違う歴史をつくってきたその原点に、今一度立ち戻って見直してみる必要があると考えられます。筆者の場合は、期せずしてそこに自身の人生における数々の回り道の歩みの全てが繋がってきているように感じます。回り道や寄り道に無駄なものは無い、とよく言われます。年齢とともに失っていくものも多々ありますが、反対に年齢を重ねてこないと見えてこない、その意味がわかってこない何かもあるように思われます。

　さて、そもそも国際協力という枠組みは、過度な自国の利潤や国際社会にお

ける優位な立場等の追求や、イデオロギー等が複雑に絡んだその結果として引き起こされた世界大戦を振り返り、その深い反省のもとに平和な国際社会形成のために構築された経緯があります。筆者が国際協力という選択肢を選ぶべくして選んだのは、自身の出自にも由来します。

　私事で大変恐縮ですが、今は亡き筆者の両親二人ともが、広島に投下された原子爆弾によるキノコ雲の下にいました。特に父は爆心地半径3km程度で被爆し、奇跡的な生存者の内の一人でした。子どもの頃に、人類がかつて経験のない地上における生き地獄のような世界を体験し、奇跡的に生き延びた二人が出会い、結婚し、兄とともに筆者は奇跡的な生を授かりました。

　その授かった生には何かの使命があるのではないか、何をするためにこの生を受けたのかという問いが、年齢を重ねるとともに心の中で大きな存在となってきているのを感じます。今や還暦を過ぎ、人生の様々な出会いは、ひとつの目的に収束されてきているような気がしています。それが、造形美術を通して、平和への糸口を探るための扉をつくっていくことではないかという現在の考えに至っています。

　安全な日本にいながら平和への道の糸口を探るなどとは、天井のない監獄とも言われるガザ地区や、ロシア侵攻の中にあるウクライナ等、世界の紛争のまっただ中にある当事者からみれば、腹立たしい思いを抱かれることでしょう。人類の歴史の中で続く民族や宗教、国家やイデオロギー等、様々な要因が複雑に絡み合い、憎悪の連鎖にある国際社会の紛争の現場で苦しむ人々に対して、筆者ごときが物申す立場ではないとのお叱りは重々承知するところです。

　しかし、それとは違う観点から、人類史上核兵器による生き地獄を体験したのは日本の広島・長崎の限られた人々だけであり、その体験者も高齢化が進み、多くの方々は筆者の両親のようにすでにこの世にはいません。その被爆者の切実な思いや願いを後の世に伝えていき、それを自分が選んだ造形美術という視点から探っていく方法が、現在の筆者にとっては人生の課題となっています。一個人の小さな思いではありますが、そこには無念の思いで世を去った多くの犠牲者や体験者の思いや願いを引き受けきれないまでも、ほんの僅かであっても人類全体にとっての普遍的な願いにも繋げるために、小さな一歩を踏み出す必要を感じています。

政治、経済、宗教、民族、言語、人種……等、あらゆる文脈を越えてわかりあえるために、人類にとっての共通言語としてのあらゆるARTが有効なのではないか、今こそもっとそれが活用されるべきではないでしょうか。ARTの力では、火蓋が切られた戦争を止めるためには無力でしょう。しかし、それが起きる前に人間同士、本質的に理解し合えるツールにはなり得るのではないか、という可能性に今一度、真剣に向き合ってみたいところです。
　紛争の絶えない国際社会において、武力や暴力ではなく、文化的に語り合うために、庶民同士があらゆるコンテキストの違いを乗り越えて繋がっていくために、例え側面的ではあるにせよ、造形美術をツールとして活用できないだろうか、という点にフォーカスし、本書では国際協力の造形美術分野から、その可能性を探っていきたいと思います。
　社会にとって必要とされている某かが実現に向けて動き出す、という経験を国際協力の現場で体験させてもらう場面が幾度かありました。少なくとも一歩を踏み出すことで、その意志を継いでくれる人々が集いはじめ、ムーブメントに繋がっていく可能性を信じたいところです。

　「戦後」という言葉が日本で使われ始めて80年を迎えようとしています。しかしその間にも国際社会では紛争が絶えた事がありません。人類の歴史を振り返れば紛争の繰り返しです。今日の国際社会においては、ロシアのウクライナ侵攻に見られるように、武力によらない国際紛争回避の手段が喫緊の課題となっています。
　ロシア大統領は、核の使用の可能性を示唆する発言をしています。これは、広島や長崎での核のキノコ雲の下で、人々がどんな地獄を味わったのかという歴史的事実に目を向けず、核による未来に続く負の影響を一切考慮しない発言であると受け止められます。核使用をチラつかせる以前に、まずそこで何が起きていたのかを、人類として知るところから始める必要があります。地球規模で共有され、世界市民として二度とその過ちを繰り返さないとする共通理解が、今まさにこの地球上で求められていると感じます。
　「歴史は繰り返す」と言われますが、それは「忘却の繰り返し」の裏返しではないでしょうか。我々人類は忘却の歴史を繰り返す生き物である点を、こ

の国際社会の状況下で再確認し、まさに歴史の重要な転換期である同じ時代を生きる世界市民として、我々の置かれたその立ち位置を問い直す必要があります。

戦争体験の悲惨さや子ども達に及ぼす甚大な負の影響、それを生み出す国家間やイデオロギーの対立構造解決への武力行使等の反省、それら忘却されつつある事々を共に再確認していくムーブメントこそ、今日の国際社会が取り組むべき課題でしょう。

これは、核に限った話ではなく、人類の歴史で繰り返される戦争やテロ、ジェノサイド、差別、悲惨な戦争体験や犠牲となる多くの子ども達等あらゆる悲劇に対して、それらが起こる前に未然に防ぐ某かの手立てとして、同じ人類としての原点を確認し合い、本質的に共感できるような方法を探究できないか、一世界市民として考えてみたいところです。それを本書では、国際協力を切り口として、造形的視点から考察していきます。

家族や愛する人や大切な仲間を失いたくないという思いは、人類共通の切実な願いでしょう。様々な国や文化的社会的背景等の違いを乗り越えて、世界市民としての共通の願いを具現化するためのひとつの方策として、本書は国際協力の造形美術分野にフォーカスしています。

前述のように、国際協力は二つの世界大戦の深い反省から構築されてきた、平和的な国際社会構築を目指す取組みです。SDGsは、多様性を認める国際社会構築という目的の上にたっています。それを具現化していくために何ができるのかを探究するあり方が、地球規模で今まさに求められているところでしょう。

5．目ざされるところ

今日の国際社会において、異文化間理解や同じ人類としての本質的な相互理解が喫緊の課題となっています。政治や経済、イデオロギーや宗教等で互いの主張をし合い戦いに繋がってきた経緯は、人類の長い歴史が物語っている通りです。成熟した文化的な国際社会の構築を具現化していくために、造形美術をツールや媒体としての可能性の探究とともに、造形的視点に立って世界の抱える課題について一歩深く考察し、平和への糸口を探ろうとするが本書の目的と

するところです。

　芸術の造形美術にフォーカスしているのは、多くの国際教育協力の対象国における造形美術分野に関して、音楽やダンス等は生活文化に浸透しており、教育現場でも実践される場合が多い反面、造形美術教育がなかなか実践されにくい状況がある点が見られるからであり、これらは拙論で明らかにしてきた次第です[1]。

　造形美術は、その教育を通して養われる様々な資質、多様な価値観の受容や、あらゆるコンテキストを越えて人としての思いを本質的に伝え、深く感じとる可能性を秘めています。これら造形美術が持つ可能性を信じ、今日の国際社会に造形美術を通して世界中に扉をつくり、風を通し、人々が行き交う通路をつくり続けていくムーブメントへの一助となる可能性に賭けた思いです。

　そのために、国際協力の造形美術分野の理解や普及、さらに人材育成に資するだけではなく、そこから得られる視点から、世界市民としての日常生活に某かの新たな見方・考え方に繋がる気づきが期待されます。それによって、異文化間理解や多様性の受容にとってのハードルが少しでも下がり、分断のないインクルーシブな国際社会の形成に寄与できる可能性への糸口を探っていきたいと思います。我々の何気ない日常生活において抱える課題と向き合い、その解決方法を探っていく生き方こそ、身近な国際協力なのではないでしょうか。世界のどこに行ってもローカルな暮らしがあり、どこのローカルであっても世界の中の現実の社会であるのですから。

　そのローカルな世界で、自分にとって大切な人々と過ごす何気ない日々が宝物である、という思いが人類に共通する根源的な拠り所となるのではないでしょうか。そのローカルを、グローバルの中のグローカルという視点で捉え直し、様々な状況を見ていきましょう。

---

1 ）山田猛「日本の国際協力における美術分野の基礎教育について：On Basic Education for Art and Design in the Field of Japanese International Cooperation」東京造形大学院造形研究科博士後期課程、博士学位論文、2018。

あなたにとっての
美術への扉は、
どんな扉ですか？

I

Art Education × NGO
"表現すること" の可能性を信じて

矢加部 咲
東京学芸大学大学院修士課程所属／認定NPO法人 JHP・学校をつくる会
プノンペン事務所 初等科芸術教育支援事業 前プロジェクト・マネージャー

1．美術への扉、そして海外へ

　私を美術教育の世界へ導いたのは、「美術へ通じる扉は人の数だけある」という現代美術家の森村泰昌さんの言葉でした。若い頃、「見る・知る・つくる」という日本の美術教育で教えられる道をすべて試してうまくいかず、「なる」という選択をした時に初めて美術への扉が開いたという森村さんの話は、やはり「見る・知る・つくる」に上手くハマれず、国際協力・開発という異なる分野で美術と関わり続ける私の人生を後押ししてくれています。私だけの美術へ通じる扉が、色々な人に、特に、美術との出会いが限られた環境にある人に、そのよさや面白さを「伝える」という扉であることを願って、活動を続けています。もし、これを読んでくれている人の中に、美術に関わる人生を歩みたいけれど、どうにも上手くいかない、何かがしっくり来ない、美術から離れたほういいのだろうかと悩んでいる人がいるのであれば、世の中にはいろいろなところで美術と関わっている人がいるんだな、どんなところでも美術の活動はできるんだなという人生の一例として受け取ってもらえるようであれば、幸いです。

芸術大学の写真学科を卒業し、しばし国内外を放浪した後、日本国内の地方美術館の学芸課で働いていた私を海外へ押し出したのは、その当時抱えていたほんの少しの違和感でした。それは、美術館の中にいる私からみた「美術」と一般の人々の思う「美術」の違いでした。当時、私が勤めていた美術館は、現代美術を専門とする美術館で、日本や世界の第一線で活躍する現代アーティストやその作品展示、ワークショップなどに携わることができました。そこで出会った作品や活動や美術と呼ばれるものは、それまでの私が考えていた「美術」よりももっと自由で、心踊る、すべての人の表現が尊重される「美術」でした。

　こんなに面白く楽しく、素敵なものや体験をいろいろな人と共有することができるのかという感動と教育普及活動へのやりがいを感じる一方、一般の方から枕詞のようにでてくる「美術ってよくわからないから……」「うまく描けないから……」という断り文句が悔しくもありました。これらの言葉は、実際に美術館のWSに参加したり、展示に足を運んだりすると、「意外に面白かった」「よくわからないけど楽しかった」という感想に変わります。この苦手意識はどこから生まれてくるのでしょうか。美術は、こんなにも力を持っていて、自分でつくったり描いたりすることも、いろいろな作家や作品に出会うことも、こんなにも楽しいのに、なぜ多くの人々が関わることを躊躇してしまうのでしょうか。日本という国で育つことでそういう意識が芽生えてしまうのであれば、それは学校での美術教育が原因なのでしょうか。または、日本の美術館を含めた美術業界が、そのような考えを持たせてしまうようなアプローチをしてしまっているということなのでしょうか。そんな疑問をもった私は、美術教育や美術的な環境が確立していない場所へ行ってみたいと思いました。美術という概念が固まっていない環境で、人々が美術というものをつくったり見たり知ったりすることをどのように受け止めるのか、知りたいと思ったのです。後々、この考えは甘かったと思い知ることになるのですが、この疑問は、私を海外へ押し出すきっかけとなり、また、今にたどり着くまでの道のりを共に歩むことになる大切な道標となりました。

2．東ティモールで美術教育の可能性を知る
(1) 東ティモールってどんな国？

　2011年7月、昔取った杵柄で、青年海外協力隊（現・JICA海外協力隊）の写真隊員として東ティモールへ派遣され、現地の平和構築系NGOで青少年を対象としたメディアアートクラスの講師として活動することになりました。東ティモールと聞いて、どこにあるのか分からないという方も多いのではないかと思います。東ティモールは、インドネシアの東端にあるティモール島という島の東半分を領土とする国です。国土は約1万4,900平方キロメートル（日本の岩手県ほど）で、美しい海と温暖な気候に恵まれており、日本と経度がほぼ同じであるため日本との時差はありません。また、人口は約136万人（2023年現在[1]）、現地語であるテトゥン語とポルトガル語を公用語とし、国民の99％がキリスト教徒です。2002年に独立したアジアで一番新しい国として知られていますが、独立までには長く厳しい闘いの歴史がありました。16世紀頃からポルトガルが宗主国として支配しており、1975年にポルトガルの支配からの独立を宣言しますが、その直後にインドネシアが軍事侵攻し、インドネシアの「27番目の州」として併合が宣言されました。それから24年にわたる東ティモール独立を望む人々によるレジスタンス活動を経て、1999年に行われた住民投票で独立が決まりますが、国民の意志として独立を勝ち取ったにも関わらず、独立反対派の破壊・暴力行為が急増し、現地情勢は急激に悪化しました。その後、PKOの派遣などの国際社会の協力のもと、徐々に平穏を取り戻し、2002年5月20日に21世紀最初の独立国家として新たな歩みが始まりました。その後も幾度かの暴動や治安悪化の危機がありましたが、2006年に起こった邦人の避難が必要となった大きな暴動を最後に、現在は平和が維持され、ASEANへの加入を目指すなど、国の開発が進められています。

　私が派遣された2011年当時は、首都ディリで一番高いと言われている建物が4F建てで、信号も数えるほどしかありませんでした。また、先述した暴動からまだ5年ほどしか経っていなかったこともあり、地域やコミュニティでの平和構築活動が必要とされている時期でもありました。長きにわたる独立運動などの影響で、大人の数が少なく、国民の平均年齢は18歳という状態で（2023

年には 20.8 歳[1])、教育などの基礎インフラも整っておらず、仕事も少ないことから、学校にいっておらず、仕事にも就いていない若者が増加していることが、社会課題となっていました。また、そういった若者がギャングに入ってグループ同士で抗争を起こして車や家を燃やしたり、暴力行為を行ったりすることなどがコミュニティの問題になっていました。私が東ティモールで受けた最初の洗礼は、配属先のNGOの同僚のコミュニティで行われた彼の親戚の結婚式に参加した際、外国人である私と他の隊員に向けて近所の若者達による投石があったことでした。石が当たった痛みやショックはもちろんありましたが、それよりも何よりも、怒りやフラストレーションの表現が、他者に石を投げるというシンプルな暴力に置き換わったという事実と、私個人ではなく外国人であるという記号がその怒りの対象になりうるという事実への驚きがありました。しかし、その一方、その後出会った日常での東ティモールの若者達は、どこまでも陽気で明るく敬虔なクリスチャンで、ボランティアという立場でもあった私は、外国人ということで嫌な思いをしたり、身の危険を感じたりするようなことは、この一件以降ほとんどありませんでした。あの結婚式会場で投石をした彼らも、私の周りにいた若者達と同じように、普段は陽気で明るい青年なのだろうと思うと、社会の不均衡や不公平が生み出す歪みが若者へ与える影響について考えざるをえない出来事でした。

(2) NGO Ba Futuru での表現活動を通した平和構築プロジェクト

　私が所属した現地NGO Ba Futuru（バ・フトゥル）は、英語で「For the future（未来へ）」という名前の平和構築活動を目的に設立されたNGOで、配属当初はオフィスに付属するYouth Centerと呼ばれる施設に通ってくる若者達を対象に、メディア講師として写真クラスを受け持っていました。このYouth Centerに通ってくる生徒達は、どちらかというと課題意識の高い若者達で、学校に通いながら、このYouth Centerで英語やメディアなどを学んで自ら知識やスキルの習得を目指していました。外国人でまだ現地語も拙かった私に自ら進んで話しかけたり、自分の将来の夢を語ったりと、自分達の祖父母や両親世代が独立を勝ち取った東ティモールという国への誇りと、これから自分達がこの国の未来をつくっていくのだという希望に満ちているように見えました。

派遣から半年経った頃、このNGO Ba Futuruの新たな試みとして、国際組織の支援を受けた「Peace Promotion Project（平和啓発プロジェクト）」というプロジェクトを実施することが決まりました。このプロジェクトは、複数のコミュニティから選ばれたAt risk youthが、半年間で平和構築などの様々なプログラムを受講し、プロジェクトの最後に自身のコミュニティにおいて平和啓発活動を行うことを目的としていました。この"At risk youth"とは、ギャングやコミュニティ同士の抗争に関わるなど、過去にコミュニティにおいて問題行動を起こしたり、その影響を受けたりした若者達のことを示しています。参加者の若者達は、TAHREと呼ばれる独自の平和構築プログラム（人権や子どもの保護、調停と意思決定、ジェンダーに基づく暴力、保護に関する法的な枠組み、市民教育、紛争分析、紛争時の交渉などについて学ぶもの）、英語などの進学や就労に繋がる基礎的な学習プログラム、ドラマ（演劇）、メディア、アートなどの表現活動プログラムに参加することになっていました。この表現活動のプログラムでは、途中で自分が続けたい表現をひとつ選び、自分自身や他の参加者の体験を元に、コミュニティへ伝えたいメッセージを込めた作品の制作を行います。そして、プログラムの最後には、活動の集大成として、自分達のコミュニティにおいて「Peace Promotion Festival」という平和啓発イベントを開催し、取り組んできた活動や作品の発表を行うことが予定されていました。

　このプロジェクトの開始に伴い、私は表現活動のひとつであるメディアコース（写真や映像を使用した表現活動）のファシリテーターを担当することになりました。このコースは、プロジェクト前半の全員が参加する基礎部分と、選択した生徒のみが参加する作品制作をメインとした後半部分に分かれており、ファシリテーターとして、カリキュラムの作成や参加者数に対して不足していたカメラの収集などの準備を進めていました。一方で、現地スタッフは首都ディリ内のリスクが高いと言われているコミュニティに赴き、参加者候補となるAt risk youthに関する調査や資料集め、選定を行っていました。そして、2012年2月、センター全体がある種の緊張感を持ちながら、プロジェクトの幕は開きました。初日、集まった参加者達と対面した時に、私がそれまでにYouth Centerで関わってきた学生達とは、タイプの違う若者達だなと思ったこ

とを覚えています。見た目が少し物騒だったり、無表情で全く目を合わせたり喋ったりしなかったり、ずっとふざけていたりと、それぞれ表現の仕方は様々なのですが、みな講師達から距離を詰められることを避けているような印象がありました。また、10代後半〜20代半ばまでの見ず知らずの17人の若者がひとつの場所に集められているということも関係しているのか、明らかな緊張感も漂っていました。後で聞いた話によると、それぞれの出身コミュニティが敵対関係にある参加者もいたらしく、あのピリピリした空気はそういうことだったのかと思いました。

　その後、オリエンテーションも終わり、メディアコースの最初のクラスは、デジタルカメラの使い方から始まりました。まだスマートフォンが普及し始めたばかりの頃だったので、参加者のほとんどはこの授業で初めてカメラに触って写真を撮ったという若者ばかりでした。そのため、電源の入れ方やカメラの持ち方、シャッターボタンの位置や押し方、撮った写真の見方などの基礎的な操作から学ぶ必要がありました。この日の後半は、カメラに慣れるために「とりあえずセンターの中でなんでもいいので写真を撮ってみる」ことに決めていたのですが、初めてカメラを触るのが余程嬉しかったのか、決めポーズを取りながらただひたすらお互いの写真を撮り合うだけで終わってしまいました。まさかそんなに自分達の写真ばかり撮るとは想定していなかったのですが、一見やんちゃな見た目に反して、大切そうにカメラを握り、嬉々としてポーズを決めて写真を撮りあう姿は無邪気でもあり、なんだかかわいいなあと思ったことを覚えています。

　その後のクラスでは、徐々に写真の基礎的な知識やテクニックを学びながら、少しずつ撮る対象やテーマを変え、建物の中から外へと自由に写真を撮りにいく範囲を広げていきました。そして、これらの授業の際には、必ず外から戻ったら、それぞれが撮ってきた写真をプロジェクターで映しながら、撮ってきたものについてクラスの皆に共有するという鑑賞の時間を取り入れていました。最初の頃の授業で、ひとつ覚えているエピソードがあります。「センターの周りで出会った人々の人物写真を撮ってくる」というテーマで写真を撮った

日、近所のコミュニティから来ている若者の写真をプロジェクターで映していたら、なんと自宅の庭でヌードルを食べながら決めポーズを取る本人が写っていたことがありました。「なんでこんな写真があるの」と聞いたら、「お腹が空いたから、家でごはん食べてきた」と照れ笑いで返され、思わず笑ってしまいました。クラス中に、抜け出した証拠写真を消さずにそのまま見せてしまう彼らの素直さや悪びれなさ、寛容さが、ある意味羨ましいなあと眩しく感じた出来事でした。

メディアクラスでの活動の様子

　その後も、様々なテーマで写真を撮っては、クラスで見せて自分の撮った写真について共有する、ということを続けていきました。そうするうちに、最初の頃は自分達の写真を撮ることにしか興味のなかった彼らも、少しずつ自分達の暮らしや周囲の人々に目を向けるようになり、写真を撮ることそのものを楽しんでいることが感じられるようになっていきました。特に大きな変化があったのは鑑賞の時間で、はじめの頃は一言二言写っているモノの名前を言うだけだったのが、回数を重ねるにつれて撮った写真について「何を撮りたかったのか」「どうして撮りたかったのか」を生き生きと語ってくれるようになりました。また、クラスでフィールドに出て写真を撮っているときも、なにかしら発見がある度に「みて、みて」と寄ってきて見せてくれたり、参加者同士で見せあったりする姿も見られるようになり、そんな風に、徐々に、でも確実に変化していく彼らの姿はとても印象的でした。そして、基礎クラスが終わる頃には、写真に写っているもの・こと以上のストーリーや、自分が伝えたかったことを

言葉にして周りに伝えることができるようになっていきました。

メディアクラスでの参加者の様子

　その後の作品制作コースでは、6人がメディアコースを選び、それぞれの作品づくりがスタートしました。自分達がこのプロジェクトに参加して学んだことや、自分達の過去の経験からコミュニティに伝えたいことを、写真と言葉で表現して、フェスティバルで展示をするポスターを完成させることが最終的な目標でした。この制作では、それぞれの参加者が、自分が社会に対してどのような課題意識をもっているのか、どのような未来を望んでいるかということを深く掘り下げて考えていくことが大切でした。それは、それぞれの個性や考え、気持ち、強い面や弱い面を、参加者同士が知っていく過程にも重なり、クラスとしての関係が深まっていきました。また、私と参加者の関係においても、ふとした時に信頼してくれているのだなと感じられることがあり、嬉しく思っていました。

　作品制作の目処が立った頃、「Peace Promotion Festival（平和啓発フェスティバル）」の準備が始まりました。このフェスティバルは、ドラマや踊り、音楽などの演目と、ポスターや絵の展示とその解説で構成されており、それぞれの参加者の出身である10箇所のコミュニティを巡回する形で実施されました。当日は、早朝からステージやバナー、ポスターや絵などの作品、音響設備を載せたトラックに皆で乗り込み、開催場所となるコミュニティに出向き、ステージやテント、音響設備の設営やポスターの展示を行いました。参加者は自身の

コミュニティでの開催の時は調整の役割なども担うことになっていましたが、責任感をもってフェスティバルの成功のために行動している様子は頼もしいものでした。娯楽の少なさもあるのかもしれませんが、どこのコミュニティでも、

Peace Promotion Festival の様子

老若男女問わず多くの人が集まる大盛況ぶりで、フェスティバルの最後に、参加者達が舞台にあがるとその都度惜しみない拍手が送られました。

　自身の出身コミュニティで舞台に立つ参加者達の、照れくさそうな、でも誇らしげな表情は、自分達の手で何かを作りあげたという充足感や達成感に満ち溢れていました。その時に彼らが感じていたのであろう思いは、きっと彼らがその後の人生を前に進めるためにとても大事なものになったのではないかと思っています。まるで、サーカス一座のキャラバンのように、今日はここ、翌々日は次のコミュニティ、と移動していく生活は、大変でもありましたが楽しくもあり、参加者にはグループとしての結束と自分自身への自信を、コミュニティには高揚感と「人は変わる」という事実を残し、無事に幕を閉じました。

　ここで、彼らが、プロジェクトのなかで作成した写真・ポスター作品をいくつか紹介できればと思います。

　　　明日のために、生き方を変える。
　　　自分自身を変える。
　　　過ぎ去ったことを悩まなくてもいい。
　　　自分を変えよう、これからを生きるために。
　　　Futuru/Future, Agora/Now, Passodo/Past

Miguel Aleixo G. M. de A. Guterres

男の人の権利は女の人の権利より尊重されるとか、女の人の権利が男の人の権利より尊重されるとか、そんなことはないよね。男の人も女の人も同じ、民主主義のある世界では、ひとつの空の下にみんな同じ。

Josefina da Costa Fernandes

苦しさの中に、光をみつける
生きることはとても苦しい、でも喜びとともに歩くことのできる力がある。苦しいことの中から日々の笑顔をみつけることができる。

Vitoria Minita Q.R.B

僕の小さな庭

僕の弟は僕達の小さな庭で遊ぶのが好きだ。
すくすくと成長する植物はまるで彼らのようで、僕にはたくさんの果物や野菜の兄弟達と遊んでいるように見える。僕はその庭で毎日、それらを収穫する。
僕の人生はまるで農夫のようだ。
僕達は、ティモールのごく普通の家族で、決して裕福ではないし、僕の生活に特別なものは何もない。けれど、そこにはいつでも幸せと平和、そして愛がある。僕は多くのことは望まない。ただ、僕達のこの素敵な庭でこの生活が続くことを祈っている。

Romaldo Nunes

（3）東ティモールの若者から学んだ「表現すること」の可能性

　このプロジェクトの中で出会って、特に印象的だったメディアクラスの参加者の話をしたいと思います。アリトゥは、プロジェクトの途中で、突然セン

ターへ来なくなってしまった若者でした。友人を通して来るように伝えてもらったものの、来ない日が続き、このままだとプロジェクトから外されてしまいそうだったため、ある日、彼のコミュニティに出向き、家を訪ねました。講師といえども、期間限定のボランティアで、外国人である私に大きなことは言えず、クラスでの彼は控えめだけれどもとても楽しそうだと思っていたということ、彼の写真は静かで、温かさと悲しさが混じっていて、私はとても好きだということ、可能であれば続けてほしいと思っていることを伝えて、その日は帰りました。

彼は、その日も、その後も、この時のことについては何も話さなかったので、結局、来なくなった理由がなんだったのか、他の参加者やクラスとの関係だったのか、家やコミュニティでなにかあったのか、それとも急に行けない／行きたくないと思ってしまったのか、理由は分からないままでした。けれど、次の日、彼はクラスに戻ってきて、最後までプロジェクトを続けてくれました。プロジェクトの終盤、彼のコミュニティでのフェスティバルでスピーチをするために上がったステージで、母親には今まで悪いことをしてきた、心配をかけて申し訳なかったと言って涙を見せた彼を思い出すと、彼らの中にあるのであろう様々な葛藤や感情を、ただ言葉にしたり、表現したりすることが、彼らにとっては私が思うよりももっともっと難しいことだったのかもしれないと思うのです。

　２人目は、グループのなかで最年長で、過去の状況が最もよくないと言われていたミギーという参加者でした。彼の名前をすぐに覚えたのは、そうしたバックグラウンドよりも、プロジェクトの当初から、彼が写真を撮るという行為にとても夢中になっていて、さらに、一見してわかるほど写真のセンスがよかったことが理由でした。また、彼自身のこれまでの経験からの反動か、社会的な意識や正しさを求める思いが他の参加者に比べて強く、作品や言動にもそれが反映されていることが感じられました。プロジェクトの中で最も変わったのは誰かと聞かれれば、私は彼の名前を挙げると思います。

　ミギーは、プロジェクトに参加し、水を得た魚のように、自分を、社会を、変えていきたいと、心から思っているように見えました。しかし、彼自身が参

加した第1期のプロジェクトが終了したあと、第2期のプロジェクトのアシスタントとして手伝いをしてもらう予定でしたが、当時付き合っていた恋人が妊娠し、家族を養うためにすぐに働かなければならないということで、連絡が取れなくなってしまいました。

彼に新しい家族ができたことは嬉しかった反面、続けたかっただろう彼の気持ちについては残念に思っていましたが、私がティモールを離れてしばらくして、ミギーから新聞社でカメラマンをしているとの連絡がありました。後に知人から詳しい話を聞いたところ、全く写真とは関係のない仕事をしていたある日、取材中の新聞社のスタッフに自分から声をかけて、働かせてもらうことになったらしいとのこと。おそらくとても稀な例で、もともと彼自身が持っていた正義感や社会への意識が、きっかけを得てよい方向に向かっただけなのですが、プロジェクトで培った「自分は表現することができる」という自信が、人生の一歩を踏み出すための後押しになったのであれば、本当に嬉しく思います。

メディアコースの参加者達

東ティモールの一般家庭は子だくさんで兄弟姉妹が多く、学校教育も整っているとは言えないため、青少年のケアをする大人達の体制が万全ではありません。プロジェクトの参加者達と出会い、そのような社会状況の中で、それぞれ様々な事情を抱え、おそらく順風満帆とは言えない環境で生きてきた彼らにとって、自分の想いや考えを表現するということ、それを受け止める誰かがいることは決して当たり前のことではなかったのではないかと感じています。このプロジェクトを通して、彼らが、自ら写真を撮り、その自分が撮った写真について誰かに伝え、思いを共有するという行為を繰り返していくなかで、自分

の気持や考えを伝えてもいいんだ、受け止めてもらえるんだと感じて、表現する喜びを深めていってくれていたのであればよいなと心から思います。

　人間にとって、自分の想いを伝えること、それを受け取る誰かがいること、そしてそこに生まれる共感と信頼が、理解し理解されることの喜びに繋がること、それが如何に大切なことなのか、東ティモールの若者達に教えてもらいました。そして、それが「表現する」ということから生まれた確かなインパクトであるということも。

メディアコースの参加者達と

　この東ティモールでの体験は、私の中に強烈な印象と、もうひとつの疑問を残しました。それは、私が感じた「表現する」ことの力は、東ティモールだったから、ということもあり得るだろうか、という疑問です。「ケース バイ 東ティモール」だけでは、見えていない何かがあるかもしれない、他の国ではまた違うのかもしれない、そう考えた私は、この答えを確かめるために、別の国に行ってみたいと思いました。また、東ティモールでは、あくまでボランティアという立場でプロジェクトに関わっていたことから、次は、もう少しプロジェクトの運営に踏み込んだ形で取り組んでみたいと思い、今度はNGOの駐在員という道に進むことを決めました。

3. カンボジアで美術教育事業に取り組む
(1) そして、NGO駐在としてカンボジアへ

　2014年4月に、認定NPO法人JHP・学校をつくる会（以降、JHP）の現地駐在員として、カンボジアのプノンペンにある現地事務所へ着任し、前任から美術教育、音楽教育のそれぞれの事業を引き継ぎました。JHPでは、その当時、2012年頃まで行っていた教師の知識・技能を伸ばす美術・音楽教育事業から、小学校教育を対象として児童の様々な資質・能力を伸ばすことを大切にした美術・音楽教育事業に方向性の舵を切ったところでした。赴任当時は、まさか自分が8年もの間、カンボジアで事業を続けていくことになるとは想像もしていなかった、というのが正直な思いです。そして、この予想もしていなかった8年の間に、私は、カンボジアの美術教育やNGOとして美術教育の事業を行うということについて、多くのことを学び、考えることになりました。

(2) NGO／NPOってなんだろう？

　まず、NGOという組織に馴染みのない方も多いかと思うので、NGOそのものや、どんな人達がどういう風に活動をしているのかを少しだけ紹介できればと思います。NGOは「Non-Governmental Organization」の略で、日本語では「非政府組織」と呼ばれます。国際機関や政府の立場ではなく、市民団体として、利益を目的とせずに世界で起こっている様々な問題に取り組む組織のことを指します。似ているものとしてNPO「Non-Profit Organization」がありますが、こちらは「非営利組織」と訳されます。日本国内では、国内で事業活動を行っている団体がNPO、海外で事業活動を展開している団体がNGOとして認識されていることが多いですが、はっきりとした定義はなく、どちらも政府機関や国際機関、企業などに属さない非営利の市民団体という立場は同じです。

　また、他にも、CSO「Civil Society Organization／市民社会組織」やPVO「Private Voluntary Organization／民間ボランティア団体」などの呼び方をすることもあります。カンボジアでは、カンボジア以外の国を母体とするNGOをInternational／Foreign NGO、現地のNGOをLocal NGOと呼んでいました。私が所属していたJHPも、日本ではNPOとして登録されていますが、カンボジアでは、Foreign NGOとして活動していました。日本のNGOの活動は主に

社会開発分野が中心で、その中でも、教育、保健医療、子どもや女性の権利、環境、農業などに関連する事業が多く実施されており、それぞれの団体が異なるミッションのもと様々な支援事業を展開しています。

　では、NGOの現地事務所では、どんな人達が働いているのでしょうか。NGOで働いているというと、しばしば無償のボランティアとして働いていると誤解されることがありますが、NGOの駐在員は、それを職業として、給与をもらい働いている職員です。それぞれのバックグラウンドは異なりますが、海外の現場や、国際組織、NGOで働くことを目指して、国際関係や開発、教育などを学んだ上で、この世界に入って来たという人が多いかもしれません。途上国の現場には、他にも政府機関や企業の人なども多くいます。そのなかでNGOの駐在員は、市民社会の一員として社会の課題をどうやって解決していくか、草の根の立場から現地の人々と一緒に考えていくことを大切にしようとしている人々といえるのではないかと思います。

　まったく異なる美術の世界からこの業界に入ってきた私は、実は最初の頃、NGO的な意識の強さに、戸惑うことも多くありました。一方、徹底的な現地目線と、日々の忙しさのなかで置き去りにしてしまいがちな「何のために、誰のために活動しているのか」を、常に忘れずに活動する「NGOらしいNGO駐在員」に出会って、憧れを感じることもありました。また、NGOの現地事務所で働く現地スタッフも、やはり、「NGOのスタッフである」ことに誇りをもって働いていることを感じていました。百戦錬磨の古参のスタッフから、勢いのある若手のスタッフまで、様々なスタッフとともに働きましたが、特に、カンボジアのように急速に経済発展を遂げている国において、企業ではなく、NGOで働くことを選ぶというのは、社会課題を抱える自分達の国のために何かをしたいという強い思いをもっているからこそと言えるかもしれません。

　もちろん、NGOにも多くの人がいるので、駐在員にしろ、現地スタッフにしろ、すべての人が同じような志を持っているとは言えないかもしれませんが、やはり業界の傾向として、NGOで働いている人々は、社会のよりよい変化に寄与したいという思いの強い人達が多いということはいえるのではないかと思います。

次に、NGOが行う事業の形についても、少し見てみたいと思います。NGOの多くは、個人や企業からの寄付金や会費などからなる自己資金、そして、ODA（Official Development Assistance／政府開発援助）などがもつNGO向けプログラムで供与される公的資金などをもとに、現地での事業を運営しています。これらの事業運営においては、PDCAサイクルが用いられることが多く、現地に存在するニーズをもとに事業を計画（Plan）し、事業目標の達成を目指して様々な活動を実施（Do）、活動や事業の成果や効果を確認／評価（Check）し、次の活動や事業を改善（Act）していきます。短期や単年などの短いスパンで実施したり、繰り返したりする事業もあれば、最初から3〜5年間などで計画され、複数年単位でフェーズを重ねていくような事業もあります。

　事業期間や活動内容は、事業の目標や現地のニーズ、状況、対象者などによって最適と考えられる方法を設定するため事業や団体によって様々ですが、事業の中身としては、建築物の建設や資機材の供与などを中心とするハードの支援と、人材育成や技術移転などをメインとするソフトの支援の2種類に分けられます。また、事業を実施するにあたっては、進捗状況や現地状況の変化などに合わせて、事業期間中にも計画の修正を行いながら、よりよい事業の実施を目指して活動していきます。

（3）カンボジアの美術教育の状況、課題

　カンボジアで美術教育支援事業を実施する上では、まず、カンボジアの美術教育の全体像を把握することがとても重要でした。特に、カンボジアの美術教育においては、系統だった研究が少なく、全体像を語ることができるような人材も見当たらなかったため、その道の権威に話を聞いて全体の状況を理解したり、研究論文や書籍を読んで状況を把握したりということが難しい状況でした。そのため、事業を進める中で、現地スタッフに情報を集めてもらったり、実際の状況を観察したり、美術教育に関わる人々に出会って話を聞いたりしながら、現状を把握できるよう努めました。

　ここでは、まずカンボジアにおける美術教育全体の状況を見ていきたいと思います。

- 知識や技術の伝達に重きを置いた「美術のための教育」
- 美術教育に対する人々の認識の偏り
- 「美術を通した教育」の不在

　カンボジアの美術教育は、長らく、知識や技術の習得を目的とした専門教育として行われてきました。そのことから、一般の多くの人々にとって、美術教育は、画家になったり、工芸家になったりと、美術を職業にするための教育（美術のための教育）だと認識されています。そのため、知識や技術の習得だけではなく、様々な資質・能力を育むことのできる美術教育（美術を通した教育）の意義を理解している人は、多くありません。また、学校現場においても、日本で行われているような、児童が想像したり実際に見たりして絵を描く、自由につくったり鑑賞したりするというような授業はほとんど行われていません。一方、点線をなぞったり、グリッドを使ったりして、お手本通りの絵を描く方法を学んだり、決められた形で決められたものをつくったりということを目的とした授業が行われています。

　次に、教科としての美術教育はどのようになっているのでしょうか。

- クメール語（国語）や算数等の主要教科が重視されている
- 社会科の一部として位置づけられており、美術の授業に割り当てられた授業時間数は少ない
- 美術の授業を指導することのできる人材や教材、材料、用具などが不足している

　カンボジアの初等科カリキュラムでは、クメール語や算数などの主要教科と呼ばれる教科に多くの時間数が振り分けられています。これは、過去の政策の方向性として、クメール語や算数の能力の向上が重要視されてきたことなどが理由といわれています。一方、現行のカンボジアの初等科カリキュラムでは、美術教育は、音楽や踊りなどとともに、社会科の中の科目のひとつとして位置づけられています。そのため、美術の授業に割かれる授業時間数は極端に少な

く、さらに、授業の内容や環境も児童にとって十分なものとは言い難い状況でした。また、小学校や各家庭に美術の授業に必要な十分な材料・用具がなく、教員自身が美術の授業を受けたことがなかったり、教員養成課程でも学んでいなかったりなどの理由から、授業をスキップしてしまうケースが多くあるようです。さらに、教育関係者にとっては、テストの点数などで成果を測ることができる他の教科と比べ、成果の測りにくい美術科目の優先度は低くなりがちで、教員自身が好んでやりたがらない、という側面もあるようです。

最後に、社会における美術教育の状況を考えてみます。

- 地域や学校、家など、日々の生活で児童が美術に触れる機会が少ない
- 文化的なアイデンティティの欠如とクメール芸術文化継承の危機

ここまで触れてきたように、一般的に美術教育が美術を職業にする人を育てるための教育だと考えられており、かつ、教育課程のなかでも優先度が低い状況の中では、児童が日々の生活において美術に触れる機会は非常に限られているといわざるをえません。このような状況が長く続いてきたことも影響し、昨今のカンボジアでは、伝統的な芸術文化への興味関心や、文化的なアイデンティティが失われつつあるということへの警鐘が鳴らされています。社会の開発と経済発展が進み、国全体として基礎的なインフラが整ってきた今だからこそ、カンボジアの伝統芸術、文化の豊かさを次世代へ繋ぐために、社会的なニーズとして芸術教育の重要性が見直される段階にきているのかもしれません。

(4) カンボジアの教育史における美術教育の変遷と課題

次に、カンボジアの教育史における美術教育の変遷を振り返ってみたいと思います。ポル・ポト政権後の 1980 年代のカンボジアの教育はベトナムの影響を大きく受けており、1987 年の初等教育カリキュラムにおいては「絵画」「芸術（歌、舞踊）」教科が存在していました。しかし、1995 年のカリキュラム改訂において、それまで独立した教科であった道徳、地理、歴史、絵画、芸術（歌、舞踊）の 5 教科を統合した「社会科」が新設されました。その中で芸術

に関連する絵画と手工芸、音楽、踊りの 4 種が統合され「芸術科目」となり、2016 年のカリキュラム改訂まで、美術・手工芸は「社会科」の中の「芸術科目」の一部として位置づけられてきました。また、美術教育に割かれる時間の割合は、1987 年時には全体の 4 ％となっており、1995 年に社会科へと統合された際も引き続き同じ程度となっていましたが、2006 年の改訂でさらに半減しています。この 2006 年の改訂について、社会科を担当する教育・青少年・スポーツ省（以下、教育省）のカリキュラム編成局職員にインタビューした際、「1995 年改訂時には、1987 年の教科書の内容を引き継ぐとともに、文化芸術省の専門家など複数の組織との協働があったが、2006 年改訂時には大幅にページ数を削ることが求められた。また、専門家の関与も得られなかったことから、専門家不在のまま内容を削って編成し直した」との話を聞いています。

　その結果として、2006 年からの現行の芸術科目について、発達段階への配慮の欠如や内容の偏りなどの問題点が、カンボジア、日本両国の専門家から指摘されていました。特に、美術においては、点線をなぞって家を描く、グリッドを使用してかぼちゃの絵を描くなど、「絵の描き方」を学ぶ内容が中心となっています。実際の学校で行われる授業においても、教師が自分で描いた見本を黒板に貼り、その見本通りに描くといった授業が行われているケースが多く見られました。その際、教師の見本にそっくりな絵を描いた児童や、大人から見て上手な絵を描いた児童が評価されており、それぞれの児童の想像力や表したいこと、工夫や取り組みなどを尊重、評価するような授業はほとんど見られませんでした。また、工作の授業では、教科書で示されている折り図やつくり方が間違っていたり、分かりにくかったりすることから、児童や教師が教科書を見て作品を完成することができない題材が含まれているなどの問題も指摘されていました。

　このように、時数や内容、質の不足などのカリキュラムそのものが抱える課題の他にも、教育行政や学校現場における美術教育の優先度の低さ、初等科教育課程での美術教育と教員養成課程における美術教育の内容に横断的な繋がりが見られない、現在の教員養成課程では美術の授業の指導法を教えられる教員

がいないなどの教育システム全体における課題も多く残されています。このような様々な要因が合わさることによって、カンボジアの小学校で適切な美術の授業を実施することが難しい現状がつくられていました[2]。

見本を見ながら壺の絵を描く授業

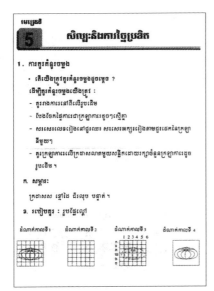

グリッドを使用してかぼちゃを描く授業[3]

○△□を切って形をつくる／凧のつくり方の授業[4]

I　Art Education × NGO　"表現すること"の可能性を信じて　33

（5）初等科カリキュラム開発のための新規事業の形成、準備

　2015年末、このような背景のもと、小学校での美術教育の質の改善を目指して事業に取り組んでいた私達のもとに、大きなニュースが飛び込んできました。それは、教育省が、次のカリキュラム改訂で、芸術教育を新たに独立した教科として位置づけるらしいという知らせでした。2030年までに低中所得国から高中所得国入りを目指すカンボジア政府にとって、国の経済成長と競争力を支えることのできる人材育成は優先課題であり、教育省も教育の質の改善を目指した教育改革を推進している最中でした。

　そのため、この改訂では、国際的な基準を満たすカリキュラムの開発が目標とされており、その一部として芸術の教科化が俎上にあがったようでした。教科として独立するということは、週に決まった時間が取られ、必ず美術や音楽の授業が行われるようになるということです。カンボジアでの芸術教育支援に携わる人間にとっては、これはこの上なく大きく、嬉しいニュースでした。その一方、この教科化を進めるにあたって、教育省内に芸術教科のカリキュラム開発のノウハウや主導できる人材、参考となる教材が不足していることは明らかでした。そこで、それまで初等科芸術教育支援の事業を教育省とともに長らく実施してきたJHPへ白羽の矢が立ち、カンボジア教育省とカンボジア初等科の芸術教科カリキュラム開発と人材育成を目標とした事業に取り組むことになりました。

　この事業に取り組むにあたり、実施者として確保すべきものがふたつありました。ひとつは、事業を適切に実施するための人的・資金的・時間的な投入ができる環境、もうひとつはカンボジアに適した初等科芸術教科のカリキュラムを開発するための専門家の全面的な関与です。そこで、まず事業の形成を行い、独立行政法人国際協力機構（以下、JICA）が実施するNGO向けのプログラム「草の根技術協力事業パートナー型」へ申請しました。そして、有り難いことに委託事業として採択され、2016年8月より5年間の事業を実施できることになりました。

　他方、専門家に関しては、それまで音楽教育支援事業のアドバイザーとして関わってくださっていた当時の文部科学省の小学校音楽科の教科調査官の方に

お願いして、日本の小学校の音楽教育および図工教育の専門家をそれぞれ紹介してもらい、アドバイザリーグループを結成、カンボジアに適した初等科芸術教科カリキュラムの開発へ協力いただくことになりました。このようにして、この「カンボジア王国初等科芸術教育支援事業」が、カンボジア教育省、日本人専門家グループ、JICA、JHPの4者協働で走り出しました。

(6) カンボジアの新しい芸術教科のフレームワーク

　事業の内容に入る前に、まずはカンボジアの新しい芸術教科のフレームワークを紹介できればと思います。

　教科の目標は、「芸術教科は、音楽（舞踊を含む）と美術（手工芸を含む）の学習に主体的に取り組む態度と必要な知識、技能を育むとともに、コミュニケーション力、創造的な思考力、寛容な心（情感豊かな心）、および美的感覚を養い、クメール文化の継承と発展に寄与する」[5]となっています。もともと社会科の一科目であったことと、先述した社会課題を踏まえ、「クメール文化の継承と発展に寄与する」となっているところが、カンボジアの芸術教育の特徴のひとつと言えます。また、知識や技能だけではなく、コミュニケーション力、創造的な思考力、寛容な心、美的感覚といった、児童の資質や能力の育成を目指しているという点では、これまでのカンボジアの芸術教育とは一線を画した方向性が打ち出されています。

　この新しい芸術教科は、ふたつの科目「音楽と踊り」と「美術／絵画と手工芸」から構成されており、週1時間の授業のなかで、それぞれ歌唱、踊り、器楽、絵画、手工芸、絵画と手工芸（未分化）、鑑賞などの活動が行われることになります。また、カンボジアの公立の学校では、日本と違い、生徒用の教科書や教師用の指導書は、国がつくり、印刷した国定教材を使用するシステムとなっています。そのため、このカリキュラム開発事業においては、日本における学習指導要領にあたるシラバスと呼ばれる資料（以下、シラバス）と、6学年分の生徒用の芸術教科教科書、教師用の芸術教科指導書の第1版（見本）を作成することになりました。

(7) 目の前に山積みされた課題、解決の糸口

　このようなフレームワークのもと、事業として走り出した「美術と手工芸」（以下、美術科目）のカリキュラム開発および人材育成の過程には多くの課題がありました。最も大変だったことは、カンボジア国内の「美術を通した教育」のコンセプトへの理解と体験が圧倒的に不足していることでした。カンボジアの現状として、一般に美術教育と言われた時に人々がイメージするのは「画家または工芸家などを育成するための教育（美術のための教育／美術の知識技能の習得を目的とした教育）」であることは先述しました。一方、日本で行われているような「美術を通して児童の資質・能力を育成する（美術を通した教育／美術の活動を通して児童の人間的な成長を目的とした教育）」というコンセプトはカンボジアにとって新しいものであり、ゆえに、教育省の人材を含めそのようなコンセプトで行われた美術の授業を受けたり学んだりしたことのある関係者はほとんどいませんでした。

　さらに、教員養成課程でも、美術の知識および技能については多少学ぶものの、美術科目の指導法などを教えることのできる教員は不在でした。そのため、カリキュラム開発や教員養成に携わる人材育成を行うにあたっては、まずはこのコンセプトへの理解を深めてもらうことが、将来的に教育省が主体となってカンボジア全土の小学校へ美術科目の普及を推進していくために必要不可欠でした。そこで、教育省内の関連3局の職員とワーキンググループ（以下、WG）を結成し、日本人の専門家によるワークショップや日本での研修などを

WGでの教科書・指導書作成の様子

行い、「美術を通した教育」のコンセプトについてのインプットを行うところから事業をスタートしました。

　また、WGとして、今回の教科書・指導書作成のために行った一連の活動、指導案作成や学校での授業実践などの活動に実際に取り組み、美術科目やそのコンセプト、教材開発の知識とノウハウ、経験を、教育省内に蓄積させることを試みました。

　実際の教材の開発においては、カンボジアの学校現場の多くが、これまでの教員養成の実態や学校環境から、すぐに美術科目の授業に対応できる状況ではないことを考慮し、課題のある現状を前提として、科目としての将来的な理想像を示しつつも、実際に授業を実施できる可能性を担保することを重視しました。具体的には、教師の負担を軽くし、「××（材料や用具）がないからできな

教科書・指導書作成のための授業実践での児童の様子

い」と感じてしまう状況を避けるため、代替可能で手に入りやすい材料や用具を示したり、異なる環境に合わせた提案をしたりなどの工夫を取り入れました。

さらに、新しい美術科目の普及に不可欠な人材として、教員養成大学の美術科教員をトレーナーと位置づけて事業に関わってもらい、新しい美術科目への理解を深めるとともに、将来的にトレーナーとして研修を行えるようになるためのプログラムなども作成しました。

トレーナーによるトライアルの教員研修

（8）カンボジア事業の完了

事業は、2016年8月に5年間の事業として開始され、コロナ禍の影響による延長を経て、シラバスと初等科6学年分の生徒用の芸術教科教科書、教師用の芸術教科指導書の第1版（見本）の完成を待って、2022年2月に完了しました。ともに事業に取り組んできたカンボジア、日本の両方のスタッフとはたくさん話をし、時に激しい議論もしましたが、目標を共有し、同じところを目指して日々の活動に取り組んでくれた彼らには感謝の言葉しかありません。

ともに事業に取り組んだ教育省の行政官や教員養成大学の芸術科教員などのカウンターパートの辛抱強さと努力、優しさによって豊かなパートナーシップのもと活動できたことは何にも代えがたい経験だったと思っています。また、芸術教育という側面においては、日本・カンボジア両国の多くの芸術・芸術教育専門家および関係者に支えてもらうことで、カンボジアの芸術教育の第一歩が踏み出されたことは言うまでもなく、その芸術や芸術教育への愛情と尽力に心から感謝しています。

とはいえ、カンボジアにおける芸術教科の歴史はまだ始まったばかりで、実際の学校現場で授業が実施され、児童が美術や音楽の授業を楽しめるようになるまでには、まだまだ多くの課題と長い道のりが待っていることが予想されます。

JHPの芸術教育支援事業においては、次の段階として教員養成を対象とした次期事業の形成が進められていますが、ある専門家は「日本の教育課程で現在のような形の音楽や図工教育が根付くまでに150年かかり、カンボジアの隣国タイでも50年はかかっている。昨今のグローバル化を考えて多少早まったとしても、カンボジアでも30年はかかるだろう」とおっしゃられていました。そう考えると、カンボジアの芸術教育の状況としては、カリキュラム改訂により畑の場所が決まり、5年半のカリキュラム開発事業でやっと土を耕したくらいの進み具合なのかもしれません。これから、カンボジア・日本の両国の人々の手によって、種が植えられ、日々の農作業を経て、その実りが全国で収穫できるようになるまで、どのような変遷を描いていくのかは、まだ誰にもわかりません。けれども、多くの人達の情熱に支えられて歩き始めたカンボジアの芸術教育の今後がとても楽しみだということだけは、確かなこととして感じています。

完成した生徒用の芸術教科教科書第1～6学年（第1版・見本）

4．NGOの駐在員として考える

　ここまでは、カンボジアの美術教育と、私が実際に携わってきた事業について書いてきましたが、ここからは、8年間カンボジアでNGOの駐在員として働くなかで、見えてきたこと、考えてきたことについて書いていきたいと思います。

（1）外発的な開化と内発的な開化

　　「ここに内発的というのは内から自然に出て発展するという意味でちょうど花が開くようにおのずから蕾（つぼみ）が破れて花弁が外に向うのをいい、また外発的とは外からおっかぶさった他の力で已むを得ず一種の形式を取るのを指したつもりなのです。」
　　　　　夏目漱石『現代日本の開化―明治四十四年八月和歌山において述―』

　これは、現地で働くようになってから、自戒を込めて私がよく思い出している言葉です。夏目漱石が登壇した講演会で、日本の文明開花について話した際の一節で、高校生だった頃に国語の授業で出会いました。その当時は、なるほど、面白いなあと思った程度だったのですが、カンボジアで働き始めて思うところがあり、読み直して以降、国際協力・開発事業は、夏目漱石が言うところの「外発的」「外からおっかぶさった他の力」に類するものなのではないかと考えるようになりました。

　つまり、国際協力・開発事業は、「外国組織が、現地に外発的なきっかけを加えることで、現地の人々やコミュニティ、社会の変化を促すもの」と言い換えることができるのではないかと思ったのです。さらに、夏目漱石は、この公演の続きで、外発的な開化は本来、人間の自然に反するため、いずれにしても内発的に変化していくことが肝要であるという趣旨のことを述べています。そうすると、もし自分達が実施している事業が、この自然に反した外発的な変化を起こすものであるならば、その先には、いずれにしても個人やコミュニティ、社会そのものの内発的な変化が必要とされているということになります。

　そして、この外発的な変化から始まる内発的な変化は、もともと内発的に起こったものと比べて、ずっとずっと時間がかかるものなのではないかと考える

ようになりました。なぜなら、個々の人々の思考や、見えているもの・ことの範囲（前提）や目指す方向性（目標）は、彼らが育ってきた環境や社会に根付いた共通の価値観、生活様式、民族・文化・宗教的な背景、成長過程での経験などを反映して形作られていて、さらに、その個々人によってコミュニティが形成され、そのコミュニティが寄り集まって社会や文化が構成されていますので、そういったものが外からの刺激だけで忽ち変化するということはありえないと思うからです。このように考えるようになって、もし自分達が外発的なきっかけから社会全体やコミュニティを内発的に変容させたいと思うのであれば、まずは個々の人々が異なる価値観を持っていることを理解すること、次に、一足飛びの急激な変化を期待しないこと、そして、コミュニティや社会の変容を期待できるのはある程度の人々に変化が起こってからであるということを、肝に命じておかなければと思うようになりました。

（2）時間をかけて見えてくるもの（カンボジアの美術教育の場合）

それでは、「個々の人々の思考、前提や目標は、彼らが育ってきた環境や社会に根付いた共通の価値観、生活様式、民族・文化・宗教的な背景、成長過程での経験などを反映して形作られている」というのは、具体的にどういうことなのでしょうか。ここからは、前章で共有したカンボジアの美術教育の課題を事例として、その背景にあるものについて紐解いていきたいと思います。

まず、カンボジアの教育を考える上で避けて通れないこととして、カンボジアの歴史的な背景があります。カンボジアの教育は、1970年代から約20年間続いた長きにわたる内戦、社会基盤の崩壊、頻繁な体制変動などにより大きな影響を受けてきました。特に、1975～1979年のポル・ポト政権下では、極端な共産主義政策により、学校教育の廃止や教員をふくむ知識人の虐殺などが行われ、教育システムが徹底的に破壊されたことは、多くの人がご存知なのではないかと思います。

その後、国際支援の手を借りる形で教育の再生と開発が続けられており、一定程度の教育環境や質の改善は成されてきました。しかしながら、今に至っても、教育行政や学校現場には様々な課題が残っていることは否めず、改善に向

けた取り組みが続けられています。そして、これは、教育のみならず、芸術文化も同じ状況でした。現地に脈々と受け継がれていた、クメールの伝統芸術文化が、この内戦により、一度途切れてしまったことは、今も、現地の芸術教育に大きな影を残していると感じています。当時、芸術文化の担い手である芸術家の90％を失った上に、内戦や復興時の生きていくだけで大変な時代に、社会として伝統文化や芸術文化を守るような余裕がなかったであろうことは容易に想像ができます。

　現在、カンボジアで伝統芸術文化の保護や次世代への継承を目的として事業を展開している現地NGOの設立のきっかけとなった印象的なエピソードがあります。内戦時に難民としてアメリカに渡ったこのNGOの設立者が、復興時のカンボジアに戻ってきて、自身の音楽の師匠の行方を探していたときのこと。伝統音楽の楽器奏者のマスター（師範）であり、カンボジアの至宝であるはずの師匠が、ボロをまとって小屋の角にうずくまっているのを見つけたそうです。

　その時、マスターは楽器も持っておらず、日々の食事にも事欠くような貧困のなかにおり、彼は、強く、この人達とクメールの伝統芸術文化を守らなければと思い、NGOを立ち上げたそうです。私自身、事業を進める中で、こんなにも豊かな伝統芸術文化があるにも関わらず、その内容についての文献や研究が、非常に限られており、また、様々な関係者にあたっても全体像を把握できるだけの系統だった情報がなかなか見つけられないということへの驚きがありました。

　そして、このように、実際に調べようとしてもなかなか必要なリソースが見つからないということは、普通に生活しているなかでは、こういった情報に触れたり、アクセスしたりできるような環境はほとんどないのだろうなということが見えてきました。

　このような歴史的・社会的背景も影響しているのか、カンボジアでは、現在も家族や親族単位で芸術の担い手になるケースが非常に多く見られます。カンボジアの国立の芸術専門学校で教鞭を取るカンボジア人の音楽教育の専門家に話を聞いたところ、この学校に入ってくる生徒のほとんどは、祖父母や両親、叔父叔母などの近親者に芸術家がいる家庭の子ども達だそうです。また、この

専門家自身も、音楽一家に育ち、幼少期から伝統音楽の楽器演奏を学び、奏者の一人として地域で行われる結婚式などに家族で出向き演奏していたと話していました。もちろん、都市部では、現代音楽やアート、デザインなどを学ぶ機会もあり、そういった職業につく若者も増えてきていますが、カンボジアの社会全体を見渡すと、芸術そのものや芸術に携わるということ自体が、特定の人達（ファミリー）の中で引き継がれるものという社会認識がまだまだ強いのではないかと感じています。このような状況を考えると、最初に述べた通り、カンボジアの美術教育が、長らく知識や技術の習得を目的とした専門教育として行われてきており、一般の多くの人々にとって、美術教育は、画家になったり、工芸家になったりと、美術を職業にするための教育だと認識されていることも自然なことなのだろうと考えるようになりました。

　また、このような社会状況の中で、芸術家を目指したり、自分の子どもに芸術家になってほしいと願ったりするわけではない多くの一般の人々にとって、学校で行われる美術教育についても、そのもの自体に大きな意義を見出すことができないであろうことも想像に固くありません。さらに、カンボジアにおける芸術家そのものの社会的なイメージやステータスが、ある特定の人々を除いて、然程高くないというようなことも、社会における美術教育の位置づけに影響しているのではないかということも分かってきました。

　このような状況は、教育行政においても同じで、教育関係者側において美術教育の意義や重要性が見出されにくいことから、教育課程や学校現場における芸術教育の優先度はどうしても低くなってしまいます。そうすると、優先度の低いものということで、美術教育に関わる教育関係者の立場も弱くなり、自ずと関わったり推進したりしようとする人も少なくなる、というような悪循環が起きているようでした。実際に、事業を進める中で、教員養成大学の芸術科教員から、自分達は芸術科なので他教科に比べ軽んじられていることを感じているというような発言を聞いたこともありました。さらに、やはりここでも、教科としての課題でも触れた、成果を具体的に示しにくい（数値化しにくい）という美術の持つ特性が、さらにこの状況に拍車をかけているのではないかと思い

ます。このような周囲の理解や協力を得ることが難しい四面楚歌の状態では、美術教育に関わる教育関係者が、モチベーションを保って、活動を継続したり、自発的に活動を推し進めたりするための具体的な動機を見出しにくくなってしまうことは致し方ない側面もあるのかもしれません。

　このように、課題となっている状況の後ろにあるものを紐解いていくと、その社会や価値観における様々な事情が見えてきます。そして、多くの場合、それは個々の対象者の問題というよりももう少し大きな問題であることの方が多く、一朝一夕で個人が解決できるような簡単なものでもないことに気づきます。人々に内発的な変化を起こそうとするのであれば、こういった個人の状況や、社会との関係性、自分と相手の求めるものや目指すものなどの価値観の違いに目を向け、それを前提とした上で、ではどのようにアプローチすればよいのかを考えていくことが大切なのではないかと思います。

（3）内発的な変化を促すためのヒント

　それでは、人生における価値観や前提、目標が異なる相手に対して、どのような心構えでアプローチをすることが、内発的な変化を促すことに繋がるのでしょうか。これは、事業実施者にとって永遠の問いですし、言ってしまえば「ケースバイケースの答えの無い問い」と言えるかもしれません。そのため、ここでは、この「答えの無い問い」に対して、私自身が過去の事業の中で悩んだり怒ったり、喜んだりしながら学んできたことを、この問いの答えに繋がるかもしれないヒントとしていくつか共有できればと思います。

　まずは、「人から与えられた短期間の研修で学んだり、話を聞いたりしただけで、すぐに理解して実践に繋がることはほとんどない」ということについてです。現地で実施される人材育成や技術移転を目的とした研修では、内容や講師は様々ですが、概ね数日〜1週間程度の短期間の研修を、事業期間を通して数回行うようなタイプの研修がよく見られます。そして、この研修の終了時や終了後に、対象者が何らかの形で成果を出すことを前提として計画されていることが多くあります。

ここで、自分に置き換えて考えてみたいのですが、仕事の一環などで受けた研修やふと思いついて受けた短期講座などで学んだことをしっかり覚えて、具体的に継続して今も実践できているという人は、どのくらいいるでしょうか。私にも、「全く実践できなかったな……」とすぐに思い浮かぶ研修がいくつかありますし、何だったら思い出すことすらできていないものだってあるかもしれません。もちろん、私のような人ばかりではないかもしれませんが、元々その内容にかなり興味があって自分で取り組んでいたり、自分の本業に直接的に関わる内容だったりというケース以外で、少し学んだことを継続して実践するということは実はなかなかに難しいことなのではないかとも思います。

　これは、先に上げたような短期間の研修そのものがよくないと言いたいわけではありません。事業期間や予算は限られていますし、新しい技術や知識を紹介するという事業の特性上、最初から興味のある人ばかりが集まるというよりは、社会的なニーズをベースに、関係する職業や立場の人々を新たに集めることも必要です。ただ、ここで考慮すべきことは、「すぐに」という部分ではないかと思います。

　美術教育に限らず、どれだけ最先端の情報、プロフェッショナルな指導だとしても、自分自身の内発的な欲求が元となっていない、人から与えられたものが自分の中に根付くまでには、それなりの時間が必要です。そのことを忘れず、研修を行ったからといって焦ってすぐに成果が出ることを求めるのではなく、将来的な成果を長い目でみるよう努めるというのも必要な心構えなのではないかと思います。

　それでは次に、長い目でみて内発的な変化を起こしやすくする方法にはどのようなものがあるのかという問いに繋がるわけですが、これは、成果を自分自身で実感してもらうことが一番大切なのではないかと思います。先述した事業のケースでは「時間をかけて、体験を通して、児童にとっての芸術教育のよさ、おもしろさ、大切さを対象者自身が実感すること」によって、具体的な言動の変化が起こり始めたと考えています。実は、事業の初めの頃は、WGのメンバーから「なぜ児童に自由に描かせるのか」という質問や、「描き方を教えないと生徒は絵が描けない」などの発言がよく出ており、教科書への児童の掲載

作品を選ぶ際にも、大人が見て上手い絵をよい作品として選ぶ姿が見受けられました。

しかし、1年生の授業から順に授業実践を進めていくなかで、徐々に意識の変化が見られるようになり、4年生の授業に入ろうという頃には、色の使い方が面白い、工夫をして描いていた、他の生徒と違うアイディアを持っている、という視点での発言や感想が頻繁に出てくるようになりました。絵の技法を中心とした美しい絵を描くための美術教育を受けてきて、「なぜ児童に自由に描かせるのか」「描き方を教えないと生徒は絵が描けない」と考えていたメンバーが、子ども達の自由な発想を認めて評価できるようになったことは、彼ら自身にとっても、事業にとっても、とても大きな変化だったと思います。

それでも、このような変化が見られるようになるまでには、3年程の間、訪日研修や専門家からの研修などを複数回受けた上で、1～3年生の児童を対象にした授業を30～40コマ近くを体験してようやく現れてきた変化だったので、やはり人が新しいことを受け入れ、内発的に変化していくには、十分な時間と体験、実感が必要なのだと思わされた出来事でもありました。

他に、事業実施者の陥りがちな思考の罠として、対象者の背景や考えを考慮せずに「よい」の考えを押し付けてしまうことには注意が必要です。これは、対象者が事業に興味を持っていなかったり、やる気が感じられなかったりするように見える時に「この事業や活動をするとこんなによいことがあるのに、なんでしてくれないんだろう」と考えてしまうことです。これは、事業実施者として熱意を持って事業を実施しているからこそ陥ってしまいがちなことでもありますが、いくら自分が「よい」と思っていても、「よいのだから、相手もしたほうがいい」と考えてしまうとやはり独りよがりになってしまいます。

自分の「よい」と思うことと相手にとっての「よい」は違うかもしれない、時間をかけて理解すれば相手も同じ理由で「よい」と思ってくれるかもしれない、私達とはまた別の理由から「よい」と思うようになるかもしれない、または最後まで「よい」と思えずに終わるかもしれない。相手が「よい」と思うかどうかや「よい」と思う理由、そこまでの過程は本当に人それぞれです。そこには、先述した通り、社会に根付いた共通の価値観や生活様式、環境、前提や

目標の違いが反映されています。そう考えると「自分達がよいと思う＝すべき」という考え方はやはり乱暴なのだと私自身の反省もこめて思います。

　また、これも少し重なる部分があるのですが、社会的なニーズがあることと、個人としてのニーズはまた別物、ということも現地で事業をしている中で気付かされたことのひとつです。事業を行っていると、対象者をターゲットグループというひとつの括りで考えてしまいがちですが、言うまでもなく、一人一人の対象者には、それぞれ日々の生活や家族があり、仕事があり、属するコミュニティがあります。

　そしてまた、そこには彼らそれぞれのニーズが存在します。この個人のニーズと社会的なニーズが重ならない場合、その対象者が事業への興味関心や参加のモチベーションを保つことはなかなか困難になってしまいます。そこで、現実的な事業への参加の入り口として、彼らの属する社会やコミュニティの中で、何らかの具体的な利点を見いだせるような仕組みや環境を構築することも、対象者の立場に立って考えると大切なことだと感じています。初めのきっかけは別のものでも、続けていくうちに時間をかけてよさや面白さに気付いてくれる可能性は大いにあるので、門戸を広げるという意味でも、やってみる価値はあるかもしれません。

　最後に、事業を完了したら「はい、終わり」とならないように、対象者の自主性やモチベーションを事業期間中に育てていくことも、事業の大切な要素となります。たとえば、実施者側・対象者側の時間や労力、コストが許す限り、すべての過程に関わってもらう、活動のなかで具体的な役割や業務を担ってもらうなどして、対象者にとって、事業が、受け身でインプットされるものではなく、自分自身が時間や労力を使って作りあげたアウトプット（成果）であるという価値づけができることはとても有効だと思います。そのようにして事業が対象者にとって価値あるものへと転換されれば、事業完了後も活動そのものがその対象者のモチベーションとなり、持続性を高めてくれるのではないかと思います。

いくつかのヒントを共有してきましたが、これらをまとめるのであれば、すべての基本は「提案ベース」であるということではないかと考えています。教える人と教えられる人、支援する人と支援される人、与える人与えられる人というような、矢印が一方からもう一方へ向かっていくような関係性ではなく、互いに囲んでいるテーブルの真ん中にポンと提案を置いて、これをどうしていこうかと一緒に考え、作りあげていく。そんな心持ちで事業を進めていくことが、本当の意味での対象者の内発的な変化を促すことといえるのかもしれません。

（4）NGOの駐在員として考え続けなくてはならないこと

　前項であげてきたヒントは、私自身がNGOの駐在員として現地で事業を実施する中で感じてきた、こうすればよかったな、こうした方がいいんだろうな、こうすべきだったな、という反省や気付きから生まれたものです。そのため、ある意味、理想論的な部分もあることは否めません。なぜなら、NGOの事業では、限られた時間、人材、予算で事業を実施しているケースが多く、それと同時に、公的な資金を使用した事業などにおいては、事業の質や決められた期間内で成果を出すことも求められるため、長期的な視点で内発的な変化を待つ時間や、そこに目を向ける人的、予算的な余裕がない場合も多いという現実があるからです。一方、そのような状況においても、理想と現実のバランスを取りながら、事業をよりよいものへとしていくために、私自身がNGOの駐在員として考え続けなくてはならないと思っていたことがあります。

① 分かりやすい成果を早急に求めすぎると、本当に大切なことは見落としがちになる

　美術教育には、テストはありません。わかりやすく、美術教育を行ったから、クラスのテストの平均点が上がったり、学校の登校率が上がったり、退学率が下がったりしたというような成果を求めることができません。そして、このように数字で表すことのできない特性がある分野を対象に事業を行っていると、活動の成果をどのように量的・質的に評価するのかという点に悩まされることになります。

一般的に、質的な評価は事業の本質を測るものとして重要視される一方、基準が取りにくいなどの理由で明確な数字として示すことが難しく、根拠として弱いと受け取られる場合があります。そして、根拠が弱いと受け取られたことによって、「そもそも必要なのか」と問われることさえでてきます。また、質的な評価をする場合には、データの入手や分析のために、より専門的な知識や時間が必要となるため、十分に事業の質的な側面を評価できるケースが限られてしまっているのが現状です。

　一方、量的な評価は、データの取得が比較的容易で、比べる際に分かりやすいことから、より求められる傾向にあります。個人であれ、組織であれ、公的な資金であれ、資金に対して「何が得られたのか」を明確に確認できることは、事業の透明性や妥当性を測るために不可欠であることから、質的な評価よりも、量的な評価が求められる背景も理解できなくはありません。ただ、先述した通り、内発的な変化には、時間がかかります。特に、教育という分野においては、一朝一夕での成果を求めることができないことは明白です。しかし、それでも、数年という単位で区切って計画に落とし込むことは、事業という形式を取って資金を獲得するために必要なことでもあります。

　さらに、そうして事業という形に落とし込んだ時には、対象国の政府機関だったり、支援をしてくれている資金提供機関だったりへの説明責任が生じる立場となり、その期間内でのわかりやすい成果を求められてしまうというサイクルに飲み込まれてしまいます。簡単に言えば、大きな変化や数字で確認できる明確な成果が、決められた事業期間内で表れることが、事業としての高い評価に繋がり、次の事業への協力や資金を確保することに繋がるのが現在の開発事業の仕組みになっている側面があるということです。事業の限られた期間での費用対効果を考えると、たしかにそういった成果は喜ばしいものかもしれません。

　しかし、実際に事業実施者として現場で感じるひとつひとつの変化や成果は、往々にして、数字に表したり、言語化して大々的に報告書に書いたりできるような劇的な変化ではありませんでした。対象者の理解の深まりは、それぞれの日々の発言や言動に表れる小さな変化である場合がほとんどで、その小さな変化こそが、内発的に身についたものであり、将来的な持続性のある変化だとい

うこともまた、実感してきました。それは、人間の成長が日々の積み重ねから生まれること、そしてそのスピードはゆっくりかつ一人一人異なることと同じです。説明責任を果たすために目先の成果を追いかけ始めると、こういった日々の小さな変化を見落としたり、目に見える成果を出すために対象者の理解の段階を無視して無理をさせてしまったりということが起こります。

　また、そういう時は、往々にして対象者の変化や状況を見ながら、自分達のやり方を振り返り、改善していく余裕もなくなってしまっています。もちろん、開発事業の仕組みもこれまでの歴史の中での反省や研鑽のもと築かれてきたものであり、様々なことが改善された上で、新たにこのような状況が生まれてしまったということは言えると思います。そのため、こういった課題は、もしかしたら今後、新しいプロジェクトマネジメントや評価の方法が研究されていくなかで、解決されていくことなのかもしれません。ただ、少なくとも、目の前にいる対象者と向き合い、本当にこれでいいのだろうか、目に見える成果を出すために本当に大切なことが疎かになっているのではないかと考え続けること、そのような状況を変えていけるように声を上げることは、大切なことなのではないかと思います。

② 何のためにやりたいのか、誰がやりたいのかを忘れないこと＝感謝や報われることを求めると、すぐ辛くなる

　国際協力や支援に関わる中で、対象者が「感謝していないように見えること」について、怒っている人に出会うことがあります。片や、自分が感謝されていることを公言して憚らない人にも出会うことがあります。そういう人達を見る度に、本人も周りも大変だろうなあと思います。

　もちろん、感謝されるに足る支援をして本当に感謝されている場合もありますし、不実な対象者から不当な扱いを受けてしまったなどのケースもあるので、一概に言えないところはあります。ただ、国際協力や支援に関わる際の心の持ちようとして、相手からの感謝や自身の報われたという気持ちは、常に結果として起こるもので、最初から期待するものではないということを理解しておくことはとても大事だと思います。

　最初からそういったことを期待してしまうと、満たされない結果になった時

に、失望や怒りを感じてそれに疲れ果ててしまうことがあり、もったいないなと思うのです。先述のヒントのところで取り上げた研修の話などもそうですが、誰かから与えられたものが、その時点でその人の欲しいものかどうかは分かりません。そのため、それを「よい」と考え、やりたいと思っていることが、その段階で明らかなのは自分達のみであること、そして、自分達がそれをやるのは、「そこにある課題に取り組み改善したい」という自分達の目標のためだということに自覚的であることが必要なのではないかと思います。

③ 続かないこと、相手のやる気が感じられないこと、お金の話になることは、これまでの外発的な支援の歴史や自分達の言動が関係しているかもしれない

　前項にも繋がるのですが、事業実施者の悩みのタネとして、対象者の「やる気がない」「活動が続かない」ことや、「××がないからできない」「××がもらえない」と言われるなどのことが、よく課題としてあげられます。私自身、事業を実施するなかで同じ悩みを持ち続けていましたし、当初は、そういったことが起こる度に、怒ったり、悲しくなったりもしていました。けれど、外国人である私と対象者の間に立ってくれる現地スタッフの話を聞き、国や行政、社会やコミュニティの状況を知っていくうちに、少しずつ分かってきたことがあります。

　それは、カンボジアという国の復興時に行われてきた過去の数々の国際機関やNGOによる支援が、現在のカンボジアの開発分野を形作っているという事実です。開発業界には、「支援慣れ」という言葉があります。これは、現地の人達が外国組織から支援されることに慣れてしまうことによって、すぐに物品や設備、資金などの提供を求めるようになったり、自助努力をしなくなったりすることを指しています。そして、この言葉は、しばしば支援する側の人間から、あたかも現地の人々が勝手にそうなってしまったかのような文脈で使われることがあります。しかし、一歩離れて考えると、そういった「支援慣れ」の状況をつくってきたのは支援する側の自分達でもあるのだということに気付きます。耳の痛い話ではありますが、事業実施者としてこの事実を認識しておくことは必要なことではないかと思っています。

開発業界には大きさの様々な組織、団体がおり、一枚岩ではないため、その中でも、物品や手当などの供与に対する方針は異なっています。たとえ組織や団体が違っても、対象者からすると同じような支援事業と認識されている場合が多いので、過去にもらえたから今回も当然もらえるだろうと考えてしまう、あっちではもらえているのに自分はもらえないなどといったことが起こった時に、理不尽さや不公平さを感じてしまうのは、致し方ない場合もあります。もちろんこの状態をそのままでよいと考えているわけではないのですが、「支援慣れ」していると決めつけて対象者を非難するだけでは、この状況が改善することはないとも思います。また、事業実施者である自分達の普段の態度も大切で、対象者が自分達の状況を鑑みてもらえていないと感じたり、考えや意見を取り合ってもらえない、対等に扱われていないと思ったりしてしまう状況では、彼らのやる気が出ないのも理解できます。

　もちろん、対象者側のすべての人が100％善い人というわけではないので、理不尽に「ない」を突きつけられたり、過度な要求をされたりすることがないとは言いませんが、私自身を含めた実施者側も100％善い人ということはないので、そこは人間同士お互い様だなと思います。そう考えていくと、「ない」に囚われすぎずに、対象者に対する業界内の不均衡をなるべく小さくするために、横断的な繋がりをつくってできる限り足並みを揃えること、相手の態度の理由を分かったように決めつけるのではなく、社会的・歴史的背景を鑑みつつ個人として一人一人と向き合っていくことが、必要とされているのではないかと思います。

④ 現地の人達にとって、自分は一時的な存在となる可能性の方が高く、彼らの人生は事業とは関わりなく続いていく

　現地で開発事業に携わる人達の中には、その国や地域で長期的な生活の基盤を築いていく人もいますが、多くの人は数年間でその国を離れる場合が多いです。特に、ボランティアやNGOの駐在員、コンサルテーション会社の社員、政府組織や国際組織の職員などは、立場や国を変えながらキャリアを築いていくため、事業や仕事の区切りで、日本に帰ったり、次の赴任国へ移動したりすることが一般的です。

また、そもそも、事業やNGO自体が永続的なものではないという前提があります。そのため、私自身も駐在員として働きながら、いつか自分は居なくなるのだということを、頭の片隅に置いてきました。自分が行っている事業にはいつか終わりが来るであろうこと、いつまでも自分がその国で対象者のフォローアップをできるわけではないということ、そして、対象者の人生は自分や事業の存在に関わらずその後も続いていくということ。それを心に留めて対象者に関わることで、相手の状況を無視して無責任に押しつけたり、干渉し過ぎたり、無理をさせたりすることなく、対象者を中心に据えて事業を考えることができるのではないかと思います。自分にとっては外国人として過ごすその国での特別な数年間が、対象者にとってはこれまでもこれからも続いていく人生の短い期間であり、そこにたまたまお邪魔させてもらって、やりたいことをやらせてもらっているんだということ、その事実に気付いて感謝できることも大切なことなのではないかと思います。

(5) それでも、美術教育を続ける理由

　ここまで読み続けてくれた皆さんの中には、いろいろと悩みが多そうで大変そうな国際協力や開発分野での美術教育活動を「なぜこの人は続けているんだろう」と疑問に思った方もいるかもしれません。確かに、楽しいことばかりではなく、大変なことも多い仕事なのですが、それでも、続けているのは、日々の悩みや大変さを覆すほどの、喜びや面白さを見出すことのできる瞬間に出会ってきたからだということについてもお話しできればと思います。

① 分かりあえる瞬間

　東ティモールとカンボジアでの10年の間に、数回、忘れられない瞬間があります。それは、育ってきた環境、文化、価値観や前提、目標や考え方、見えている世界が異なる人々と一緒に何かをすることの大変さと引き換えに、その文化的、社会的ギャップを乗り越えてわかりあえたと思えた瞬間、同じものを見て目指している、同じものに価値を感じている、と思うことのできた瞬間です。10年間で数回というのを多いと取るか少ないと取るかは人次第だと思いますが、私にとっては、その瞬間の喜びや心強さは、それだけで自分のやって

いること、やってきたことが、もしかしたら無駄ではなかったのかもしれない、少なくとも、その相手とは何かしらの喜びや美術や表現することの価値のようなものを共有できたのではないかと思える、そんな自分の人生を支えてくれるくらいのインパクトを持っていました。

　そして、このような瞬間を共有した相手が、たとえ既に離れた場所にいても、今もきっと彼らの国でそれぞれの目標のために頑張っているのだろうと思えることが、今も、私の人生の杖になっています。

② 美術と出会った人々の姿と美術教育の可能性

　美術教育事業の活動を通して、それまで美術や表現活動にほとんど触れたことのない状態で、つくる喜びに出会った子ども達や青年達、美術の面白さを楽しむ大人達の姿を見ることができること、それがこの仕事を続けている一番の理由なのかもしれません。タイミングはそれぞれ異なっていて、活動を継続するなかで少しずつ変化していったり、ある日突然力を発揮したりといろいろですが、そういう姿を見てきたことで、私自身、美術教育の持つ力を信じることができているように思います。また、少し違う視点になりますが、彼らの姿を通して、国際協力や開発の現場における美術や表現活動の持つ可能性というものにも気付くことができたと考えています。

　外発的な変化から内発的な変化が起きるまでには時間がかかるということを書きましたが、最初に書いた東ティモールの若者達との活動は半年という短い期間で行われたものでした。そして、その短い期間の中で、内発的な変化がしっかりと起こったのは、表現活動では必ずその起点に自分自身（気持ちや考え、感情、行為など）が必要になるため、たとえ外発的な働きかけから生まれた行為であっても、自然に内発的な行為が組み込まれるようになっているからではないかと考えています。美術を通した開発事業における表現活動は、活動そのものがその人自身から生み出される内発的な行為になりうるという意味で、個々の人々の内発的な変化が重要である国際協力や開発の現場において、とても大きな可能性を秘めているのではないかと感じています。

③ 人生の選択肢としての美術、表現すること

　事業の中で様々な対象者と出会い、やはり、何かをつくったり、描いたり、表現するということが選択肢になりうる、ということを知ることは、結果的にその人自身やその周りの人の人生や世界を拡げるのではないだろうかと考えるようになりました。事業や私自身は対象者の人生にとって一時的な存在ですが、たとえ事業の中で、彼らが美術を好きにならなかったり、表現することに興味がもてなかったりしたとしても、それを選べると知ったこと、彼らの人生の将来の選択肢のなかにそれが存在することが重要なのではないかと思っています。

　その人の選択肢の中に存在するということは、職業上の選択肢としての美術の話だけではなく、その人の人生のどこかの時点で、彼ら自身や彼らの周りの人達の選択肢になりうる可能性を秘めているということです。事業を通して、美術に触れ、自分は何かを表現することができると知ることが、いつかどこかで、誰かの人生の杖となる可能性があるのであれば、やはりそこにやる意義はあると思うのです。

（6）美術教育支援の可能性を拡げるために

　ここまで、東ティモールとカンボジアで行ってきた美術教育事業の実践を通して学んだり考えたりしたこと、そして、NGO の駐在員として事業や美術教育について考えたり感じたりしたことについて書いてきました。これらの締めくくりとして、国際協力や開発分野での美術や美術教育の今後について、考えていきたいと思います。実は、美術学校というような形で、現地に学校を開き青少年を受け入れている団体は海外を含め比較的多くありますが、私が所属していた NGO のように、現地に事務所をおいて、事業型の美術教育に関わる事業を展開している団体というのは、あまり多くはありません。また、開発や国際関係、教育、保健医療、農業などのバックグラウンドの人材が多い日本の開発業界において、美術業界から開発業界へ入ってきた私自身もかなり珍しい経歴と言われることが多く、これは、国際協力や開発の分野においての美術や美術教育というものが、まだまだマイノリティーである状況を表していると思います。

　近年、日本の ODA においても、大学や美術館などとの連携のもと、美術教

育事業が少しずつ実施され始めていますが、それでも、まだまだ片手で数えられるほどの実施数です。これは、基礎的な教育インフラにおける美術の優先度が高くないことや、先述したように成果を目に見える形で表したり数値化したりすることが難しいという特性が影響している部分があるのではないかと感じています。一方、NGOが自己資金で、他の分野の主たる事業（例えば地域開発や教育事業など）の活動の一部として実施しているケースや、美術学校など、対象者である子ども達が自由意志で所属し、成長を長い目で見守ることのできるケースなどについては比較的目にすることが多いです。これは、主たる目標が別にある事業の活動の一部であれば具体的な成果報告を必要としなかったり、学校であれば入学者数や成績、進路など目に見える形として成果を捉えやすかったりという面が影響しているのではないかと考えています。

　私自身は、先述したとおり国際協力や開発分野における美術や美術教育事業に大きな可能性を感じているのですが、それと同時に、この分野における美術や美術教育事業の立ち位置や、それに対して事業資金を得ることの難しさも感じてきました。それは、「美術教育は子ども達の成長に重要」「美術や表現活動は、人々の繋がりやコミュニティの開発に有効」などとして語られる「美術や美術教育の価値」の多くが、経験則に基づいたものであるため、他の分野の事業と同じテーブルで比較された際に、エビデンスとして弱く見えてしまうであろうことを感じているからです。根拠が弱いように見える事業に資金が付き難いのは、提供した資金に対して十分な成果を期待したいと思う支援側の立ち位置を考えると致し方ありません。そして、それを解決するために、担当者として事業活動の成果を他者にとって分かりやすい、納得しやすい形で表そうとすると、量的な指標に落とし込むことが必要になります。しかしながら、そうすると、やはり言葉や数字に表すことのできないことは削り落とさなくてはなりません。

　私自身、事業の成果を示すために、この落とし込む作業を続けてきましたが、常に心のどこかで、「本当にこのままの評価の形でいいのか」「美術や表現活動のよさを適切に伝えられなければ意味がないのでは」「評価されるべき対象者の大切な変化を見逃してしまっているのでは」というジレンマに悩まされ、ど

こかでシステムそのものへの憤りを感じてきました。

　しかしながら、国際協力や開発には長い歴史と組み立てられた理論があり、美術や美術教育事業という今やっと少し門戸が開き始めたマイナーな分野から、このシステム全体を変えていくことはおそらく難しいのだろうと思います。また、美術や美術教育事業が抱える課題と類似した課題を共有している分野もあれば、そうでない分野もあるので、一律に解決が必要とされる課題と言い切ることもできません。

　そこで、国際協力や開発における美術や表現活動に関わる事業の意義を示すためには、美術や表現活動の特性やよさを、成果として目に見える形に表せるような調査手法や評価の方法が必要なのではないかと考えるようになりました。課題に感じられるシステムそのものを変えることが難しくとも、そのシステムの中にあっても事業実施者が美術や美術にかかわる活動の成果を適切に示せていると感じられるような評価を行うことはできるのではないかと考えるからです。

　現在、私は日本に帰国し、大学院に入って教育学を学びながら、国際協力・開発分野における美術を通した開発事業（広義での美術教育事業）についての研究を始めています。世界で実施されているNGOによる美術を通した開発事業や、開発分野以外の美術や美術教育に関わる分野で使われている調査手法や評価方法などを学んでいくことで、美術を通した開発事業に適した新しい評価のアプローチを見つけられるのではないかと考えています。

5．最後に

　最後に、冒頭で述べた私の最初の疑問への答えですが、「絵をうまく描けない」という反応は、東ティモールの人達も、カンボジアの人達も同様に持っていました。家庭や学校、社会などにおいて見聞きする「うまい絵」という概念が形成される限り、または、その社会の中で「うまい絵」がよいという価値観が無くならない限り、どうしても発生してしまうものなのかもしれません。

　一方、「美術はわからない」という反応は、東ティモールにも、カンボジアにもあまりないようだったので、これは芸術や文化が業界として成熟した社会

において起こってくる現象なのかもしれないなと思っています。他者から判断される作品の価値的なものではなく、表現する喜びそのものが人々にとって美術の価値になりうる世界になってほしいと願いつつ、今は、大学院という場所で、自分が過去10年間で行ってきた活動を振り返りながら、抱いてきた問いの答え合わせをしているような気持ちです。この答え合わせが終わった時、次にどんな疑問が待ち受けているのか、どこに進むことになるのか、今はまだわかりません。

　それでも、国や地域にこだわらない市民社会における美術教育——特に、美術に触れたり表現したりする機会が少ない人達に、美術のよさや面白さを「伝える」こと——が自分だけの美術への扉だと信じて、これからも活動を続けたいと思っています。私のこれまでの経験が、今、この本を読んでくれているあなたの、美術に関わりながら「日本の外に出てみたい」という気持ちを、少しだけ後押しすることができたかもしれないことを願って。

1）The United Nations, Department of Economic and Social Affairs, Population Division, 2023.
2）矢加部咲「カンボジアの美術教育をめぐる現状と展望」『教育美術 2023年9月号（No.975）』2023、pp.34-37。
3）カンボジア王国 教育・青年・スポーツ省「Drawing copied picture」『第4学年社会科教科書』。
4）カンボジア王国 教育・青年・スポーツ省「How to fold a kite」『第1学年社会科教科書』2007。
5）カンボジア王国 教育・青少年・スポーツ省「カンボジア王国カリキュラムフレームワーク」2016。

ARTの力で
人に向き合い、
平和に繋げることは
できるのか？

繋ぐ、垣根を取っ払う。
意識することで
平和な世界に
一歩近づくのかもしれない。

II

形を造りだす力は「繋ぐ」「越境」という言葉に帰結する

平和な世界を希求し、自分事として向きあう。「繋ぐ」役割を意識してARTに関わり続けた32年間を振り返りながら、次世代に思いを伝えたい

神谷 哲郎
国際協力機構（JICA）エジプト就学前教育・
保育の質技術協力プロジェクトチーフアドバイザー

1．国際協力の世界へ

　1989年、大学で美術教育を学び学校の先生になることを希望していた私は、アフリカで活動する青年海外協力隊員（現呼称JICA海外協力隊。この文章では旧呼称を使います。）の姿を紹介するテレビ番組にくぎ付けになりました。
　「美術の先生になる前に、世界を知りたい。自分にも世界の子ども達を笑顔にできる何かができるんじゃないか。自分には、絵を描き教えることができる。」
　こんな夢が膨らみました。
　向こう見ず、想い先行の性格とよく言われる私は、外国語の単位をことごとく落としているということ、国際情勢もほとんど知らないという事実を脇において、大学を出た直後の進路を青年海外協力隊に定めました。
　途上国に行けばちょっとしたアーティスト、指導者役が務まると妄想を描いた若者は、求められる美術に関する知見、技術、指導経験がないという実力不足を懸命にオブラートに包み、おもいっきり背伸びをして、青年海外協力隊の試験に挑みます。大学4年時に受けた二回目の試験に合格し、1991年7月に、ヨルダンに赴任します。

青年海外協力隊に関するテレビ番組を見なければ、その後、国際協力にどっぷりと携わることはなく、日本の小学校か中学校で教鞭をとっていたかと思うと不思議な感覚になります。

2．大学時代に出会った人形劇

少し大学時代のことを書きます。多くの大学生と同じように勉学はそこそこに放課後、週末のサークル活動にいそしむ日々。ひょんなことから没頭したのは、子ども達を対象とした人形劇でした。

目や口が細かく動くわけではなく表情が変わらない人形達。それなのに、演じ手の動かし方、発する言葉、舞台の臨場感によって、人形一体一体に命が宿り物語が展開。見ている子ども達は、感情移入し、時には立ち上がって、笑い、悪役には怒り、人形の語りに呼応する。

人形を操る際には、舞台の下で演ずるので子ども達の姿を見ることができません。それでも、場の空気から熱気が伝わり、子ども達の表情を想像することができます。そこに喜びを感じ、子ども達と繋がる瞬間に魅了されたのです。

青年海外協力隊には美術教育の指導という職種で行くことになりましたが、合格の知らせと同時に、まず先に心に沸いた強い感情。それは、「人形劇を通した表現活動を絶対にやりたい」という思いでした。

大学時代には想像もしていませんでしたが、この人形劇を中心とした表現活動は、私のライフワーク、人生の横軸として存在し続けます。

ヨルダン、タンザニア、ガザ、フィリピン、エジプトで3万人近くの子ども達の笑顔に出会うことができました。

3．青年海外協力隊時代に見出したARTの可能性

ヨルダンでは、子ども文化センターに配属となり、子ども達への図画工作指導、センターの壁面画、天井画の作成に取り組みました。美術を学んでいたとは言え凡才な日本人の若者でも、ヨルダンに行くと絵を描く技術は存外に高く評価されました。今振り返ると、ちょっとしたアーティスト気取りでした。センターの図書館の天井画は、その大きさからも注目をされました。

子ども達には、絵を描くだけでなく、日本の図画工作の視点を取り入れた造形作品づくりを指導しました。素材の質感を意識させたり、友達と協力しながら粘土作品をつくったり……版画や切り絵、迷路づくりなどは大変好評でした。

カラフルな天井画を見て子ども達は目を輝かせた

　そして、協力隊の有志を中心に組織した邦人による人形劇公演の実現には並々ならぬ意欲をもって取り組みました。
　ヨルダンで組織したグループは「日本の友達（アラビア語名　アスディカーイヤバニーン）」と名付けました。
　演目を考え、台本を書き、人形、大道具、小道具を一からつくる、そして、人前で演じるための練習を繰り返す。人形づくりは、頭部ひとつとってもカッターとやすりを使って発泡スチロールを削りながら形成→ちぎった和紙を木工用ボンドを溶かした液体に浸して重ねて貼り、乾燥させる→色付けをする→頭髪となる毛糸を貼り付ける……という長い工程が必要で、一体の人形をつくるために相当な時間が必要になります。グループを組織してから公演にこぎつけるまでには半年を費やしました。
　私の熱意に押されてグループに入ると言ってくれた15名近くの協力隊の友人達。それぞれの配属先での活動があり、また、ヨルダンでの余暇の過ごし方は様々です。それぞれの事情があるにも関わらず、私の想いにつき合わせ、彼

らの貴重な週末の時間を束縛してしまうことになります。演劇の面白さ、子ども達の喜ぶ姿を想像することができない人も多かったので、私への不満はそこかしこで表出。なんども公演の実現が難しいのではという危機が訪れましたが、年上のメンバーが、うまくガス抜きをしてくれ、第一回の公演にこぎつけることができました。

　第一回の公演を経て、仲間どうしの繋がりに心地よさを感じ、また、「形を造る」という演劇のだいご味に魅力を感じてくれる人が増えてきたことが幸いし、その後は、月に一回ペースでの公演に繋がっていきます。

　少し話はそれますが、人形劇を通して、沢山の子ども達に出会いたい、笑顔がみたいという純粋な思いのほかに、グループを立ち上げたいと思うもうひとつの理由がありました。

　それは、ヨルダンに赴任している協力隊の中で、異文化への戸惑いからヨルダン人への不満を述べるような雰囲気が一部にあったこと。新卒で熱意だけでやってきたような私は、その雰囲気がとても嫌でした。その雰囲気を変えるために、邦人で集い、余暇の時間にヨルダンの人達の庶民の生活に触れ、交流する時間を持ちたい！　各々の活動先という枠をはみ出してヨルダンの人々の生活・考えを知る機会になるはず！

　そんな思いがあったのです。

　日本から8500キロ離れた異国の地で、その準備、実施を通して、参加した邦人同士を繋ぐ。そして、ヨルダンの人々との橋渡しとなるぴったりのART作品となってくれたのが人形劇でした。

　ヨルダンでの協力隊員としての二年間で、人、世代、異文化を繋ぎ、枠をはみ出す、越境をすることの大切さを学びました。その後の人生において、ARTの国際協力における可能性を強く意識することに繋がる成功体験でした。

4．月日を経て繋がる

　ここで一枚の写真を見てもらいたいと思います。言わずとしれたエジプトの

ギザにある世界遺産、エジプト古代文明を代表する遺物であるスフィンクスです。ギザの3大ピラミッドのひとつ、カフラー王のピラミッドの下方に1.5キロくらい下ったところに位置しています。今でも世界の人々を魅了する世界で最大の造形美術の傑作。今から4500年近く前につくられたということも驚きです。

そのピラミッドと一緒に収まる着物姿の日本人。1864年、今から約160年前、ときは幕末。江戸幕府がヨーロッパに派遣した使節団、正確には遣欧使節団の武士達です。

船旅でヨーロッパに行こうと思うと南アフリカの喜望峰をぐるっとまわらなければなりません。それは時間の消費と難破・海賊の危険と隣り合わせ。そこで、紅い海と書く紅海（Red Sea）を進み、スエズ運河で有名なエジプトのスエズに到着。そこから地中海に向かうために、エジプトの地を陸路で移動してヨーロッパに向かったのです。その途中にピラミッドのあるカイロを訪れて撮影されたのがこの写真です。ちなみに、日本からヨーロッパへ。移動に3ヶ月を要したそうです。

ⓒ 国立国会図書館ウェブサイト（本の万華鏡）

使節の総勢は35名で、そのリーダーは若干27歳。40代はわずか2名で、団員の大半は30代と20代であり、10代も4名いたそうです。

幕末の時代、外国で見聞を広げ、外交交渉をし、その後、その経験を踏まえて日本の発展、国造りに取り組もうとした武士達。ピラミッド、スフィンクスという世界最大の造形美術に触れ、どのような思いを抱いたのでしょうか。この造形物がつくられた当時を想像したのかもしれませんし、文明への畏敬の念、そして、当時は半分砂に埋もれていたスフィンクスに、日本の激動期の興亡盛衰を重ねたのかもしれません。

1994年、初めてピラミッドを訪れた24歳の私はというと、ビルの40階に

相当する高さ139メートル、平均重量2.5トンの巨石を230〜280万個使い、総重量600〜700万トンと言われるクフ王のピラミッドに圧倒され、スフィンクスの造形美を前に、この同じ光景を4500年前の人達も見ていたことを想像しました。

　造形・美術作品は月日を越えて、人々を繋げる力があります。それは、ARTには、何らかの物語、メッセージが含まれていて、美をベースに、見た者の想像力を刺激するからでしょう。

　ピラミッドと比較することなどできるわけはありませんが、私がヨルダンで制作した天井画は私がヨルダンを去った1993年以降も同センターが全面改修される2007年まで、約15年にわたり通ってくる子ども達を見つめ続けることになります。日本の若者がやってきて描いた天井画。見る人の想像力を刺激し続け、時を繋ぐという重要な役割を果たすことができたかな、と少し誇らしくなります。

　そして、人形劇は、歴代の協力隊員に引き継がれ、大雪で人形の保管倉庫が壊れるまで、8年近く上演が続けられたそうです。喜ぶ子ども達の笑顔に支えられ私がいなくなった後も、日本人が繋いでくれた。ここにもARTの可能性を見出すことができます。

　また、前著「ART×国際協力」で触れた紛争地ガザでの壁画プロジェクト。ART活動を通しての交流があり、半世紀を経てもパレスチナ難民キャンプの壁面に彼らの作品が残り、人々の日々を見つめ続けたからこそ、そこに登場するアーティスト達との24年ぶりの奇跡の再会に繋がりました。

5．月日を経て、そして、海を越えて繋がる

　月日を経てということでは、40年をタイムスリップするように今でもエジプトの子ども達に夢を与え続けている人形の話をしたいと思います。

　ライフワークとして続けている人形劇による表現活動。エジプトでは、2000年1月、スエズ運河の北端、地中海に面するポートサイドという町にあるシンデレラ保育園で息吹をあげました。2006年からは、グループ名を「夢の街」、アラビア語で「マディーナットアルアハラーム」とし、本格的な人形劇に挑戦します。

ストリートチルドレン支援に取り組んでいた協力隊員がストーリーを考えた「子どもは未来の宝」という演目。エジプトの貧困、差別を目の当たりにする中で、夢をかなえるために努力すること、助け合いながら社会を築いていくことの大切さを伝えたい。そんなきっかけになることを願うシナリオです。
　そのほかにも、環境問題を題材とした人形劇「みんなの公園」や「大きなジャガイモ」などの演目がつくられていきます。
　エジプトで劇に登場する人形は、35年から40年前に私の母校である東京学芸大学で形作られました。はるばる9000キロの長旅を経てエジプトにやってきたのです。

　なぜ海を渡ることになったのか。

　私が大学時代に没頭した人形劇サークル「麦笛」は、部員40名を有し、年に約10演目をつくり、上演活動に精力的に取り組んでいました。部室の倉庫には、歴代のメンバーが制作をしてきた人形、そして、現役で活躍する人形が段ボールに入れられ、所狭しと保管されていたのです。
　2006年6月、その「麦笛」が解散するという話が卒業生達に伝わります。私が子ども時代にはNHKの連続人形劇「プリンプリン物語」が大ヒットしましたが、テレビアニメに加え、携帯ゲーム等の波が押し寄せる中、子ども時代に人形劇に触れる大学生が減ってしまったということもあるのでしょうか。人形劇をやりたいという学生が急減し部員がわずか3名になってしまったとの話。
　その部員達から、解散という判断に至ったけれど、歴代のメンバーが青春を費やし丹精こめてつくってきた人形の扱いについて相談したい。可能な限り引き取ってもらい、引き取りが難しい人形は処分したいというという話があったのです。
　そこで、私が、大小100体あまりの人形を引き取り、2006年7月にフィリピンとエジプトに送ることにしました。海を越え、アラビア語、タガログ語を話せる人形となり多くの子ども達を魅了する存在になってくれることを願って。
　そして、段ボールの中でじっと出番を待っていた多くの人形は、童謡「おもちゃのチャチャチャ」の歌詞のように、不思議な力によって海を渡り、「マ

ディーナットアルアハラーム（夢の街）」によって命を吹き返します。

　2006年に海を渡ってから、さらに17年が経過した現在でも人形は歳をとりません。

　劣化も見られる人形ですが、細かい補修を施しながら今でも活躍中です。最初の操り手に命を吹き込まれてから、何人もがそのバトンを繋ぎながら、今でもエジプトの子ども達の人気者になっています。海を越え、まだまだ現役でがんばる人形達は私の同士。エールを送るとともにこれからもがんばってもらいたいと思っています。

2023年3月の公演後にエジプトの子ども達と触れ合う人形、タブラ爺さん

海を渡り、何代もの操り手に受け継がれる人形達

　そして、伝えたいと思うのです。大学生時代の放課後、丁寧に人形を形作り、上演をしてきた麦笛の卒業生の人達に、「皆さんの学生時代の想いは、海を越えてエジプトと繋がっていますよ。エジプトの子ども達に夢を与えていますよ。」と。

6．造形美術ではなく、違う道へ

　橋を造る、上下水道を整備する、病院をつくる……

　理数科教育の仕組みをつくる、保健医療の担い手を育てる、農業生産性を上げる、新しい産業を育てる……

　制度づくりから、人間の安全保障に資する弱者一人ひとりへの支援、紛争地での人道支援……

日本のODA（政府開発援助）は、国際協力機構（JICA）、各省庁、国連、NGO等を通して、様々な支援がなされていることを知っている人も多いでしょう。青年海外協力隊（現JICAボランティア）は、国民参加型支援事業として広く認知されています。

　青年海外協力隊を終えたあと、国際協力に携わり続けたいと思った私は、自分の専門である美術教育を活かせる国際協力の仕事が限りなく少ないことに気がつきます。
　政府開発援助に限れば、美術、デザイン、陶芸などの協力隊の職種はあるものの、造形美術の発展を主目的とした技術協力プロジェクトは存在しません。
　そこで、「造形美術の視点をすべてのものの横糸の役割として使おう！」と割り切り、コミュニティー開発、参加型開発を専門とする国際協力の道に入っていきます。
　参加型開発とは、プロジェクトをつくり上げる際に、行政が一方的に押し付けるのではなく、計画段階から関係者のニーズを確認、意見を出し合い、いわゆるボトムアップで開発に取り組むというものです。私がケニアで関わった農村開発プロジェクトで言うと、住民、農業組合、地方行政官、ダムを担当する省、農地を担当する省、現地のNGOの人達を繋ぎ、意見を出し合い、問題の原因を深掘りして、その解決に関係者全員で主体的に取り組んでいくムーブメントをつくる仕事です。

　繋ぐ力、越境する力として造形美術を横糸にとらえなおした私は、前著の「ART×国際協力」で取り上げているガザでの壁画制作や、フィリピン・ムスリムミンダナオ地域での識字学校壁画制作をコミュニティー開発プロジェクトに入れ込みます。パレスチナ西岸地域を対象に行われた、コミュニティーに根差した観光開発プロジェクトに関与した際には、世界最古の町ジェリコ観光センターの内装改善などに取り組み、人の視覚に訴える宣伝広報、わかりやすい伝え方を指導してきました。

　そして、国際協力における人生の集大成として、エジプト就学前教育、保育

の質向上プロジェクトの責任者として2017年からエジプトに赴任することになり、ARTの視点を取り入れた活動に力を入れることになります。

7．就学前教育、保育の質の向上に取り組む

ARTの話からそれてしまいますが、国際協力における就学前教育・保育分野の支援について触れたいと思います。

2000年にノーベル経済学賞を受賞したジェームズ・ヘッグマン教授が40年にわたる追跡調査により就学前教育の重要性を指摘し、また、OECD（経済協力開発機構）が脳の発達に言及し、0歳から3歳までに言語、計算、社会性、感情のコントロールなどの素養を身に着ける重要性を説く中、未来を担っている子ども達が健やかに育つためには、就学前教育の充実が大切であるということが広く言われるようになります。

途上国では、まだまだ、暗記型の知識偏重保育・教育が行われることが多いのが現状です。しかし、近年では、粘り強くやり抜く力、積極性、協調性、忍耐力、創造力などを示す非認知能力、別の言い方としては社会情動的スキルを育むことが就学前の子ども達の成長に必要という考え方が保育、就学前教育の中でも主流になりつつあります。

多くの読者の皆さんは、日本の保育園、幼稚園に通っていたことと思います。振り返ってみると、いわゆる読み書きそろばんといった暗記型の時間もあったでしょうが、自分で靴下をはけるようになる、片づけをする、順番を守るといった社会生活を営む基礎を学び、園庭でごっこ遊びをし、走り回り、砂場で泥んこになる、友達と一緒に歌ったり踊ったり、時には喧嘩をしたり……様々な経験を繰り返しながら、情操を育てるための時間が沢山あったと記憶しているのではないでしょうか。

子どもを中心に据え、子ども達の五感を刺激する。保育者は子ども達に寄り添い、励ましの言葉をかけながら健やかな成長を促す。そんな、保育、教育がなされていたことと思います。

途上国の庶民が通う保育園はどんな感じだと思いますか。

私がエジプトの保育園を最初に訪れたのは 1999 年です。四角い教室の前方の壁面を除く三辺にそって、小さな椅子が並べられた小さな教室に 30 名近くの子ども達が詰め込まれ、つまらなそうに座っている姿でした。

　保育者は、笑顔で子どもに寄り添うという感じではなく、文字や数字を覚えさせようと何度も何度も同じ言葉を繰り返している。アサーヤと呼ばれる鞭を片手に。

　20 年の月日を経て、アサーヤを使っているケースは見受けられなくなりましたが、それでも、保育の環境、保育の質への不安から子ども達を保育園に通わせたくないという保護者が多いのが現状です[1]。

　2017 年から私が従事しているエジプト就学前教育・保育の質向上プロジェクトでは、エジプト国家保育品質基準を満たす保育園を少しでも増やし、子ども中心の保育を「遊びを通じた学び」を切り口に推進していこうとしています。

　保育環境の整備のために、砂場の整備や玩具、絵本、乳児のケガを防ぐマットなどを供与しています。それらの整備をしながら、保育者の保育環境改善への意識改革を図り、保育者の保育・教育活動の幅を広げる。また、保護者には、家庭での積極的な子どもへの関わりを「Eat Well, Play Well, Sleep Well」を標語にした啓発活動を通して伝えています。

8．遊びを通じた学び

　エジプトでは、30 年近くにわたり 70 名を超える幼児教育分野の JICA ボランティアが派遣され、保育園の日々の活動改善、「遊びを通した学び」に資する教材作成、セミナーの開催などに取り組んできました。

　プロジェクトでは彼女達の経験をふまえ、子どもの発達段階に応じた活動アイデア集を作成。エジプト政府の公認トレーニング教材に位置付けられています。

　教材作成においては、エジプトの保育環境を踏まえた実用書とすることが大切です。日本人の専門家がカイロ近郊だけでなく、地方の保育園に足しげく通い、保育者との意見交換を重ね、保育現場で実践されている活動を把握。配慮すべき文化的側面は何なのか、保育園が抱える課題をどのように反映させるべ

きかといった検討を重ねました。

　出来上がったアイデア集は、エジプトの生活、文化に根差しています。そして、エジプトで手に入る文具、画材、そして、廃材を使った遊びを提案し、保育者の工夫を促す内容になっています。このアイデア集を使って、保育園での日常の活動の質的改善を図るために保育者へのトレーニングを重ねているところです。

　さて、ここでも横道にそれますが、その中には、日本のイラストレーターによる 700 点に及ぶ挿絵を入れました。エジプトにはデフォルメをしたキャラクターを描くことに長けたイラストレーターは沢山います。しかし、子どもと保育者の姿を正確に描写できるイラストレーターをエジプトでは見つけられないことがわかりました。そこで、私の知り合いの日本人の画家に相談したところ、子ども達をほんわか暖かい視点で描く挿絵を手掛けるイラストレーター、吉野まゆみさんに出会うことができました。

　子どもと保育者の生き生きとした表情、身体や手先の細かい動きがしっかりと描かれています。エジプトの保育者が、描かれた保育者の姿に自分を投影しながら、こんな活動をやってみよう！と思える、視覚に訴える実用書となっています[2]。

　イラストを多用し、保育者の目線で書かれたわかりやすい実用書は、幼児教育関係者の間で大変好評です。ここでも日本とエジプトを繋ぐことができたかなと思っています。

　そのアイデア集の中には、170 に上る活動のアイデアが収載されており、その多くが造形に関わるものです。遊びを通した学びを推進する就学前教育プロジェクトに携わることができるという環境は、まさに願ったり叶ったり。ARTを横糸にしたいと思い続けきた私にふさわしい舞台に立つことができたという喜びにほかなりません。

　　子ども達は、造形活動が大好きです。
　　紙をちぎる、粘土をこねる、紐を通す……

Ⅱ　形を造りだす力は「繋ぐ」「越境」という言葉に帰結する

クレヨンを使う、布でいろいろな形をつくる……
　自分でつくったもので遊びを発展させる。楽器にしたり、ごっこ遊びに使ったり……

「造形遊びからどんなことを学ぶことができると思いますか。」ひとつの例として、よく砂場を例に出して、保育者に語り掛けています。

　　砂場での活動。砂に手で触れることは、その質感、冷たさなどの感覚を刺激します。水にぬらすと固まる。このことを通して科学的関心を促します。
　　友達とごっこ遊びが始まります。コミュニケーション力、想像力を育みます。
　　砂のプリンを沢山つくり、それを数えることで、数的概念を学びます。
　　砂を友達にかけてしまうと、喧嘩になります。他者との関り、思いやりの気持ちを学びます。
　　砂場道具を片付ける。最後までやりきる力、ルールを守る社会性を身につけます。

　こんなにも沢山のことを砂場での遊びを通して子ども達に伝えることができる。保育者達は、私の話をいつも興味深く聞くことになります。
　保育者が意識して造形活動の環境・場をつくる。的確な質問を子どもに投げかける。その日々の実践は、子ども達の多様な学びに繋げることができるのです。

　造形活動の持つ力を興味深く聞いた保育者に対して、身近なもの、廃品を使って遊びの道具を準備することを積極的に勧めています。保育者が自らものを形作ることに喜びを得て、教材を準備することで、子ども達に寄り添った保育に近づくと考えているからです。
　上述の活動アイデア集では、保育者が楽しみながら準備ができるように、イラストを使って細かく準備の手順を説明しています。そして、研修では、保

育者が実際に手を動かしながら造形活動をやってみる、「できた！」を体感し、その達成感を子ども達にも持たせるにはどのような準備、言葉の投げかけが必要か、子ども達の発言にどのように答え、寄り添うのかを話し合います。
　そして、保護者に子どもの姿を伝え、子ども達の学びを共有することの大切さを伝えています。
　保育サービスの向上。もちろん、保育環境の整備も大事ですが、この保育者の意識の変化、行動の変容を促すことが、もっとも重要なのです。

　私が保育者に伝える最後のメッセージ。それは、「保育者は、単に子どもを預かる役割ではいけない。皆さんは、生まれてくる子ども達にとっては、世界を広げるときに出会う最初の家族以外の人なのです。未来を担う子ども達を育てる重要な仕事を担っているのです。保育のプロとして認められる存在であってほしい。誇りをもって子ども達と関わってほしい。」

　異国から来た私のこの言葉を真剣に聞く姿、うなずきながら、目を輝かせながら聞く姿に、毎回、未来を感じ、国際協力の意義を強く意識するのです。

9．コロナ禍で思いついた造形活動の形

　コロナ感染の恐怖が深刻に語られ始めた 2020 年 3 月 10 日。この日を境にエジプトでのコロナ禍の状況は一変します。
　私は、その日、地中海に面するエジプト第二の都市であるアレキサンドリアにおいて 50 名近くの保育者達を対象に研修会を実施していましたが、その研修もそこそこに切り上げることになりました。
　その後、町を歩く人は極端に少なくなり、エジプトの教育機関は閉鎖。当然のことながら、保育園も閉鎖になります。
　在留邦人は続々と日本へ緊急帰国。自宅待機をしていた私自身は 4 月 18 日に帰国、長期の日本待機を強いられます。
　世界中に派遣されていた JICA 関係者のほとんどが一時帰国。JICA ボランティア約 1700 名も含まれていました。彼らも先が見通せず不安な気持ちを抱えることになります[3]。

2020年7月以降、エジプトの保育園は部分開園できるようになりましたが、子ども達の活動は大きく制限されます。
　パンデミックの中でも子ども達は生きていく。その成長を支えるには、どんなことができるのか。
　日本で悶々とした日々を過ごす中、答えのひとつとして、思い立ったのは「ぬり絵の素材をつくりたい」というものでした。
　ぬり絵であれば、子ども達同士の接触を最小限に活動ができます。

　待機中のJICAボランティアの中には、美術や就学前教育を専門としている人が多くいるということがわかり、さっそく、友人である青年海外協力隊事務局長、次長に相談をして、彼らと繋いでもらいました。中東、アフリカ、アジア、中南米から日本に戻り待機している美術を専門とするボランティア4名、幼児教育、栄養を専門とするボランティア4名が関心をしめしてくれました。
10月20日のオンライン上での初顔合わせでは、
「任国と繋がっていたい。」「今できることは何なのか？」「この企画で同じ思いの人と協働できることがうれしい。」
といった想いが語られました。
　「コロナ禍の中だからこそ、楽しく遊んでもらいたい。ぬり絵の枠にとどまらない子ども達の想像力、創造力を育むアイデアを詰め込もう！」
　この想いを形にしようと全員の考えがひとつにまとまりました。
　そして、その名前を「喜びの創造　Create Your Joy」とすることが決まります。
　2021年を迎えると急ピッチで制作が始まります。
　何度も何度もオンライン上の打ち合わせを重ね、気が付くとオンラインでのやり取りは40回以上に。保育が専門の人は保育の観点から子ども達の成長段階、興味関心を踏まえたアイデアを出し、美術専門の人はそれを形にしていきます。

　1991年にインターネットもない中で青年海外協力隊をやっていた私には隔世の感を禁じえません。

私が協力隊の時代は、他国の人とのやりとりは手紙。返信をもらうまで3－6ヶ月はかかっていたな、などと思いながら、協働による造形活動の新しい形に一種の興奮を覚えました。

　形作るというのは本当に時間がかかります。全体会議でのすり合わせ、サブグループの細かな作業が続きました。そして、構想から7ヶ月後の4月中旬にはそれぞれの想いが詰まった12の造形活動のアイデアを集めた「Create Your Joy」の完成となりました。
　子ども達の健康にとって大切な食育、そして、コロナ下での保健衛生をテーマとしたぬり絵ができる絵本もその中には入っています。
　それぞれのメンバーが再度JICAボランティアとして派遣される時にこの教材を使えるように、そして世界中の子ども達にも紹介できるようにと、いくつかの工夫をしました。英語・アラビア語による解説書の添付、QRコードで簡単にアクセスできる各アイデアの紹介映像の作成、制作データを簡単に入手できるようHPにも公開しています[4]。

　「保育と教育はとても重要です。子ども達は沢山の成功、失敗体験を通して、考える力、生きる力を育みます。」
　「単に与えられた形をつくるということにとどまらず、子ども達の想像力を刺激し、子ども達の試行錯誤、創意工夫、発見を促してほしい。」
　「子ども達が笑顔でいられるために、沢山の人に使ってほしい。だから、著作権はフリーです。」
　というメッセージを添えて。

2020年9月ごろ	コロナ禍の中にある子ども達をどのように支援できるか検討開始
2020年10月20	一時帰国中隊員を募り、趣旨に賛同した8名による制作チームを結成
2020年10月から12月	アイデアコンセプトの検討。 ぬり絵の枠を越えた遊びアイデア集とすることとなる。
2021年1月から3月	40回以上のオンライン打ち合わせを行いながら、各アイデアの教材共同制作。並行して英語・アラビア語での解説書を作成。
2021年4月	アイデアの映像化、QRコードをつけてYOUTUBEで公開。
2021年5月	ECD-EGYPT ホームページ上で、誰でも利用できるよう教材データーとして掲載。 https://www.ecd-egypt.com/
2021年6月中旬	コロナ禍下のエジプトの保育園で同教材を使った実践活動開始。
2021年7月	Create Your Joy 制作完成記念として「待機隊員と取り組んだぬり絵タスクの挑戦―オンラインでつくる「遊びを通した学び」アイデア集―」を開催。

　2021年6月から、実践活動がエジプトで開始されます。

　エジプトの保育現場では、まず保育者に手を動かし、自分達自身で楽しんでもらう時間を持つことから始めました。

　マスクをして、静かに、距離をとって！というこちらの思いはすぐに忘れ去られ、保育者同士で大声を出して笑いながら、制作を進め、完成したものを誇らしげに披露する時間へ[5]。

　そんな保育者に興味をもった子ども達が近寄っていきます。読み聞かせや、子ども達を巻き込んだ遊びやゲームが始まります。まさに造形を起点とした保育者と子ども達の輪が広がっていく。コロナ禍であってもそんな光景が保育園で見られるようになりました。

コロナ禍下で何ができるか？　考えて行動を起こし、ARTを横糸に人を繋げ、関わる人々が笑顔になる。コロナ禍での葛藤が報われた瞬間です。

　2021年11月には、カメルーンからの一時帰国を余儀なくされ、Create Your Joy制作に関わりながら、待機期間中に日本の保育園に復帰したJICAボランティアの村山友章さんから、「保護者への手紙」という形で日本の保育園での実践報告をもらいました。

　「私が1年半ほど滞在してきたカメルーンの保育現場では、子どもと保育者の関係・距離が日本とは違います。子どもが保育者の背中に抱きつくようなことは決してなかったですし、うるさい子どもを叩くこともしばしば見てきました。そして、『遊びを通した学び』の理解が進んでいないのが現状です。絵を描くときも線からはみ出さないように保育者が手を掴んで描き、子どもの表情に笑顔はありません。

　「子どもの主体的な学び」のために子どもの気持ちや発想を柔軟に受け止めて日々の活動を子ども達と一緒に進めていくことは保育者に求められる要素であり、ゴールのない大きな課題でもあると思っています。

　今回、同僚の保育者と一緒に、日本の保育園に通う子ども達を対象としたCreate Your Joyの実践をする機会をもつことができました。私、そして同僚の保育者にとって、世界の保育事情に想いを寄せ、自分達の保育を見直す良い機会になりました。

　他の国の保育関係者にとって、日本の保育がひとつの学びとなることを期待しています。カメルーンに戻ったとき、この日本の保育園での実践の記録を現地の保育者に伝えていきたいと思っています。」

日本の保育関係者が世界の子ども達に想いを馳せ、コロナ禍という共通の危機の中で、Create Your Joy が世界との垣根を低くするきっかけになったことをとてもうれしく感じました。

　この Create Your Joy 制作において中心的役割を果たした橋本千鶴さんが、2年3ヶ月のコロナ渦での待機期間を経て、JICA ボランティアとしてエジプトに再赴任。保育・幼児教育普及の活動を始めます。

　2023年10月、Create Your Joy の実践記録（途中報告）を送付してくれました。その報告を機に彼女の話を聞くことができました。少し長いのですが、その内容を紹介します。

　待機期間中は、いつ任国へ戻れるか分からず、任国への思いが遠のいていく感覚がありました。そんな中 Create Your Joy づくりに関わり、他国から一時帰国をしている同じ境遇のボランティアとの交流を通して、任国で過ごした日々に想いを寄せることができました。人との関わり、繋がりに極端な制約がかかるコロナ禍という未曾有の状況でも、
　「また任地へ戻り活動したい」「この Create Your Joy を任国の子ども達と一緒に楽しみたい」
　という気持ちをもち続けることができました。

　子ども達へ伝えたい願いは同じ。この不思議な連帯感。国を越えたボランティアの中で共有できたと思います。

　そして、造形活動はオンラインでも展開することが可能であることを示すことができました。私が今後どのように国際協力に関わっていくか。そのヒントをくれました。

　私の JICA ボランティアとしての活動の中心は、ポートサイードという町の保育園を巡回しながら、遊びを通した学びの実践アイデアを伝えていく

ことです。そして、子ども達と関わる姿を見てもらい、保育者としてのどのように子ども達に向き合いあうべきか、現地の保育者と話し合いながら、一緒に考えていくことです。

2022年6月にエジプトに戻ってきました。Create Your Joyを遊びの素材として使いながら活動をしています。

エジプトではキャラクターのぬり絵は、保育園でも使われています。日本でCreate Your Joyづくりをしている間、子ども達の五感を刺激し、想像力を育むことを意識し、活動中の保育者や子ども達同士の会話が弾むような仕掛け・工夫ができればと考え続けました。

Create Your Joyはぬり絵であっても、決められた図柄に色を付けていくというものではありません。
　保育園でよく見る場面は、子どもが描いた作品を保育者が「これは間違っている」と指導すること。それでは、子どもは自由に想像し表現することができません。
　エジプトの保育者達の言葉がけを観察すると、
　「りんごは丸で赤で描くんだよ」「花は5個花びらを書くんだよ」
　といった描き方の指導をしていることが散見されます。そして、子どもがりんごを青色で描くと「りんごは何色？赤でしょう」と訂正するということも。それは幼少期の子ども達の発想を枠にはめ込んでいるように私は感じてしまいます。子どもの自由な発想を楽しむような柔軟な思考を保育者にはもってもらいたいですよね。りんごを青で描く子どもに興味をもち、子どもの気持ちに寄り添い、保育者自身が子どもの想像力を楽しむ姿勢が必要なのではと思います。大人の常識に囚われない表現を子どもはもっているのですから。

　色が決まっていないぬり絵には、「間違い」はありません。そのため、子どもは自分自身で色を選び作品をつくります。そうすることで子どもの興

味が見えてきました。
「この子は青が好きなんだね」「この子は時間をかけて描くね、丁寧だね」「この子は早く遊びたいんだね」
とぬり絵に没頭する子どもの様子をみながら保育者と話をしました。子どもを観察することで、勉強の時間には見えてこない姿が保育者の目に映ったのではないかと思います。

「どんな食べ物が食べたいか？」「休日に家族と何を食べたか？」
という会話を保育者と子どもでしてもらい、そのあとに食べたい物を描くという時間をもちました。
画用紙の上に、お皿とナイフとフォークだけ。自由にお皿の上の食事を描きます。そこに、アヒルを一匹描く子、うさぎを一匹描く子がいるのには驚きました。なるほど、生活に根差せば、そういう食卓の風景を描く子どもがいることはエジプトではあり得るわけです。家で動物を捌くこともあるわけですから……。
子ども達から学ぶことが毎日沢山あります。

「オレンジジュースを飲んだの」
とコップに入ったオレンジジュースを描く子ども、
「美味しそうだね」「いつもアヒル食べるの？」
と自然と保育者が子どもに話しかけます。子どもも保育者も楽しそうな穏やかな時間が流れました。

時には、子どもと一緒に保育者にもお皿の上の食事を描いてもらいました。作品が出来たら何を描いたかを保育者から子どもに話をしてもらいます。自然と笑顔になる保育者、家庭での生活が垣間見られます。

1本の線を数字の1や道路と見立ててしまう保育者。でも、子ども達は、保育者には想像もつかないことを考え、その1本の線から海と砂浜に発展していきました。子どもには、想像ではなく本当に見えているのかもしれ

ないと思う瞬間です。

　大人の常識にとらわれない自由な表現力を、幼少期の子ども達はもっているんです。その意味で、ARTと幼児教育の親和性は強く、そこに可能性を感じています。

　Create Your Joyを使った活動の時間はとても楽しく、
　「早く子どもと遊びたい」「子どもの笑顔が見たい」「子どもはどんな作品をつくってくれるかな？」
　という気持ちになります。そして保育現場で実践すると期待通り、私の想像を越えた想像力豊かな作品をつくってくれます。子どもの豊かな表現力にいつも心がときめきます。保育現場が、子どもが、大好きだと改めて分かりました。子どもが自由に表現でき、のびのびと過ごせる保育園をエジプトでつくりたい、という夢ができました。

そして、最後に心の葛藤について、胸中を明かしてくれました。

　JICAボランティアの任期はほとんどの場合2年です。私は、コロナ禍により待機期間があったので、もう足掛け4年以上エジプトの保育に関わっていることになります。その待機期間がすべてマイナスであったとは思いません。日本の保育とエジプトの保育の環境を並列に見つめ、それぞれをどのように繋いでいくことができるだろうかと考えることができるようになりました。

　そんな中で、最近考えることは、「普通ってなんだろう」ということです。

　エジプトの保育園の役割は、就学に向けた学習準備期間ととらえられる傾向にあり、読み書き、簡単な計算ができるようになってもらいたいという保護者のニーズが強く、その要望に応える形で保育園での活動も実施されていることが多いのです。暗記に重点が置かれ、数の概念、言葉への関

Ⅱ　形を造りだす力は「繋ぐ」「越境」という言葉に帰結する

心を促すというよりも、保育者が何度も何度も単語や数を大声で繰り返し、それを子ども達が反復するという時間が本当に多いのです。
　そして、3歳未満の年齢の子達は、椅子に座って時々歌を歌うけれど、あとはお菓子を食べて過ごしている。

　私は少しでも子ども達が意欲をもって遊びに夢中になるようにしようと働きかけていますが、それは、私が遊ばせることが正解だという固定観念を持っているからと思うことがあります。
　「もし、もしも、世界がひっくり返って遊ばせることは間違っていて座らせることが正解だとしたら？」
　日本の保育現場では遊ぶことが当たり前で普通だけれど、もし、外国から日本に来た人達に
　「これはいけない、なんてことをしてるんだ。信じられない」
　「怪我したらどうするんだ！」
　「椅子に座っていることも出来ないなんて可哀想」
　「みんな何て痩せているんだ、お菓子を沢山食べさせてもらえないなんて可哀想」
　「文字の読み書きを小さい頃から教えてもらえないなんて、時代遅れだ」
　「ちゃんと子どもに教えてあげないと」

　と、さも当然のように言われたら？

　と考えることも。

　私は、身体を動かすことが大好きなので、普段時間があるときに逆立ちするときがあるんです。逆立ちしてエジプトの保育の現状を見るとき、この国の保育のこと、子ども、先生達のことを可哀想、これじゃダメなんだよと私の価値観の押し付けをしていることに気づくこともあります。

　日本からやってきて、数年滞在するだけの私。その押し付けは失礼じゃ

ない??と自分を戒め、自分の態度、行動、言動を見直そうと思うこともしばしば。そして、自分の考えを伝えるときには丁寧に、相手の背景も可能な限り理解する努力をしなければと思うのです。

　それでも、造形活動を本当に楽しそうにしている子ども達の笑顔、そして、保育者が楽しそうに指導をしている姿を見るとき、自分の普通、当たり前が、間違えていないという確信になります。そして、造形活動がつくり出す場の雰囲気は、私の確信を丁寧に伝えるときの根拠になってくれるのです。

Create Your Joy を使った活動に取組む橋本さん（左）、保育者と子どもの会話がはずみます（右）

　コロナ禍の下、初めて出会う待機隊員同士がオンラインでのやり取りを通してつくり上げたこの企画は、今後の新しい ART ×国際協力の在り方、任国を越えた取組みのアイデアとしてひとつの示唆に富むものであると思っています。

10. 料理は垣根を低くする

　国際協力の仕事に従事する傍ら、2011年の東日本大震災を契機に、2012年に子ども子育て支援の小さい会社を日本で立ち上げ、学童保育やサマースクール事業を展開してきました。

　子ども達には世界を舞台に活躍してもらいたい！ そんな思いもあり、国際理解教育に関心のあるJICAボランティアの経験者を社員に採用し、プログラ

ムを運営してきました。

　その中で深く考えるようになったのは、世界各地で頻発する争い、そこで繰り広げられる人間同士の分断と憎しみの連鎖。この負の側面をどのように子ども達に伝えていくかということです。

　2011年の「アラブの春」以降、私の大好きな国のひとつ、シリアでは泥沼の紛争が繰り広げられています。被害をうけるのは社会的弱者。普通に生活をしたいと願っている市民。
　シリアでJICAボランティアを経験した社員の一人が、このシリアの惨状を子ども達に伝えたいと相談をしてきたことがあります。

　「どうやって伝えるのか？」

　私は、パレスチナ、イラク、フィリピンと紛争地での支援に関わる中で、銃撃や爆弾テロを身近に感じてきましたし、被害にあった人達にも接してきました。
　日本の子ども達と同世代の子ども達が、石を持ち抵抗運動に加わる姿、衝突に巻き込まれてケガをし病院で泣き苦しんでいる姿、劣悪な収容施設に詰め込まれ淀んだ瞳で私を見つめる姿、足を無くし義足での歩行訓練をしている姿。

　人々の憎悪に触れるという意味では、2007年ごろ、エジプトのストリートチルドレン支援に関わる中で衝撃的な経験をすることもありました。

　ストリートチルドレンは、恵まれない家庭環境にあり、誰もが助けてあげたいと思っている。そう思う読者の方も多いことでしょう。

　確かに、エジプトでも支援をしている人達は大勢います。
　しかし、実際には、世の中の恥部と称され、社会の無関心の中、劣悪な環境に身を置き、時に壮絶な暴力にさらされます。
　2006年、エジプトでストリートチルドレンを束ねるギャングによる、レイプ、

連続殺人が大きく報道されました。(Al-tourbini事件と呼ばれる)
　この事件を契機に、ストリートチルドレン支援への機運が盛り上がることを期待した私の安易な思いは見事に裏切られました。
　ストリートチルドレンへの嫌悪感が社会に高まります。
「お前達は出ていけ！」「恥さらしめ！」
といった暴言に加え、物乞いをしている最中に背中に火をつけられる、レイプをされ殺される、という見せしめ的な事件が頻発。
　そんな中、ストリートチルドレン支援施設で出会った子どもの腫れあがった顔は今でも忘れることができません。

　これらの経験を日本でどのように伝えていくか。特に日本という平和な社会で生活をしている子ども達にどう伝えるか。私にはその答えはなく、子ども達の前で話すような機会もそれまでの人生ではありませんでした。

　後述をしますが、「繋ぐ」ことは、垣根を低くします。しかし、その繋ぎ方を間違えると、それは断絶、高い垣根を築いてしまうことになります。

　シリアの現状を知り、その根源を見つめてほしい、同じ血の通う人間がその土地にいるんだよということを知ってもらいたいとの思いから乖離して、シリアは怖いところ、知りたくない、近づきたくない、シリア人への偏見へ。

　相談を受けた際には、そんな危惧をもちました。

　その社員と何度か話をする中で、ひとつのアイデアが生まれます。それは、シリアの人と一緒にシリア料理をつくって食べよう。お父さん、お母さんにも食べてもらおうという企画です。
　日本に住むシリア人の男性と、その男性と結婚した日本人の女性、小学生の娘さん２人に施設に来てもらい、半日かけてシリア料理を一緒に楽しくつくりました。そして、出来上がったのは、マハシ、モルヘイヤスープ、ナスをすりつぶしペーストにしたムタッパルといったシリア料理。

子ども達は、シリアの人から聞く話に興味深々。
　会話もはずみ、出来上がった料理をおいしくいただきました。
　モルヘイヤは、日本では、御浸しやお吸い物等の具材になりますが、アラブでは、粘々のこってりスープに。
　ナスをペースト状にするということは日本の料理ではあまりないでしょう。
　そのムタッパルはパンにつけて食べるのですが、そんな発見も新鮮だったはずです。

　シリアで何が起こっているかといったことはあえて子ども達には伝えませんでした。シリアという国があることを知り、シリア料理がおいしかった、シリアの人が優しい笑顔で話をしてくれたということを記憶してもらえればよい。
　その後の学習でシリアの実情を知り、背景を学び、テレビのニュースでシリアの惨状が流れるときに、それぞれの家庭で話題になり、情報の点と点がいつかは繋がる。
　それを期待するだけでいいのだと思います。

　「料理は芸術であり、また高尚な科学である。」（Robert Burton）
　「おそらく、食べ物は皆をひとつにまとめる力を持っている唯一の普遍的なもの。どんな文化でも世界中のあらゆるところで人は集まって食事をする。」（Guy Fieri）

　料理は人々の中に化学反応を起こし、人々を繋げるARTです。

11．国際協力において造形・美術を生業とできるのか

　造形美術を横糸に位置づけつつも、私は造形美術を専門とした仕事には従事してきませんでした。国際協力という世界において、「芸で飯は食えない」と早々に決めつけていたのではと最近は思っています。
　私の周りには造形活動に人生を捧げている人が多くいます。作品を生み出し、それを見る人達に感動を与えています。
　ギャラリーを経営し多くの芸術作品を世の中に発信している人、教育活動を

通して造形のすばらしさを伝えている人もいます。

　廃棄物アート作品を制作・販売することでガーナのスラム街の人々の人生を変えたいと悪戦苦闘するアーティスト長坂真護氏、紛争地のアーティストの作品を販売する、ウクライナNFT博物館の取り組み。
　今の時代、彼らの作品、活動、そこに秘められたメッセージは、インターネットを通じて簡単に世界に伝わります。そこには人の心を動かすエネルギーが感じられます。

　アートセラピーという言葉は、まだまだ一般には馴染みがないように思います。しかし、ウクライナへのロシアの武力侵略戦争がテレビで大きく取り上げられる中、表現活動を通して、心身の解放、癒し、自分らしさを取り戻す、人とのコミュニケーションのきっかけにするというアートセラピーを実践している団体、個人が取り上げられることもあり、その存在を見聞きする人も多くなったのではないでしょうか。
　エジプトでJICAボランティアを経験し、シリアでアートセラピーに取り組む次世代を担う20代、30代が活躍をしています。彼らは、まさに「寄り添うART」の実践者です。

　そして、エジプトには、JICAボランティア（陶芸指導）として赴任し、エジプト人の陶芸家と出会い、結婚し、日々、造形活動をしながら、子ども達へ造形の楽しさを伝えている殿村睦未さんという友人がいます。
　「陶芸は昔から生活と密着しているんです。つくって壊して、また粘土にしてつくり直す。その課程で、新しい交流、技術、創造が生まれる。」
　「そこに無限大の創作の可能性があると思いませんか。」
　と笑顔で話してくれるのです。
　彼女が造形活動を通して人と人との垣根を取っ払っている姿は、多くの人が応援をしたくなるものですし、まさに、彼女は、その仕事を生業としているのです。

国際協力の枠組みで勝手に語ってほしくないと言われてしまうかもしれません。

それでも、ART×国際協力の可能性を伝えるという本書の趣旨からすると、彼らのARTを生業とする生き様は、次世代の刺激となるはずです。

殿村さんも語ってくれたことですが、物を形作るときの、構想力、創造力、試行錯誤と創意工夫、五感に訴える心地よさ。そんなものが、AIではできない、人間の力の根源になるのではないかと最近思うようになりました。

もし、そのような意義が多くの人の共感を得られれば、単なる横糸ではなく、国際協力の世界でももっとARTを普及するようなプロジェクトが立ち上がってもよいのではないでしょうか。日本のソフトパワーが世界を席巻しているという事実、憲法で世界平和を希求する日本が、新しい途上国支援の形として「ART×国際協力」を推し進めることは有意義だと思うのです。

ART活動を通して枠を飛び越え、人々を繋ぐ国際協力の専門家が世界各地で働くという時代がくることを願っています。

12. 最後に

ヨルダンには、パレスチナ難民キャンプがあります。人形劇を上演した際の返礼として、若者がパレスチナの悲劇を物語る寸劇を披露してくれました。その寸劇のシーン、若者の表情、眼光の鋭さが、「もっと世界を知りたい」という思いに火をつけました。

国際協力に関わりたい、紛争地で仕事をしてみたいと思うようになるきっかけでした。そして、この世界に身を置いてみると、平和という言葉がいかに空虚であるか。そして、安全なところから平和を叫ぶことへの違和感を強く感じます。

20代、30代の頃はそこまで明確には意識していませんでしたが、「繋ぐ」「枠をはみ出す（越境）」の実践が人々の垣根をとっぱらい平和に繋がるということは言えそうです。平和を声高に唱えるだけでなく、背中で見せることで人々の心に訴える。そんな力がARTにはあるのではということを、私の経験

のいくつかを紹介することで読者の方にも感じてもらえると嬉しいと思っています。

2022年、文筆家の父が87歳で永眠しました。私が小学校3年生のころ、ガリ版刷りの学校通信か何かに、「親父の背中」というエッセイを寄稿していました。寄り添うARTについて少し触れましたが、背中で見せるような関わりが、今の時代には大事だと思います。

エジプトで、将来を担う子ども達の成長を支える仕事に従事する中で、ARTの力を信じた取り組みを重ねてきたことは前述したとおりです。この取り組みが20年後にエジプトの社会、成長した子ども達自身にどのように振り返られ、評価されるのか、今から楽しみです。

1990年代に始まった幼児教育分野のJICAボランティア派遣。造形活動が、その中心にありました。それが、エジプトの政府、社会に認められ、30年を経て、「遊びを通した学び」を中心に据えた技術協力プロジェクトが展開されているこの事実を踏まえると、20年後には、新たな国際協力の形ができているのかもしれません。

また、正しさに縛られている日本社会。世界との繋がりが一層深まっていく日本。そんな時世において、ARTが、今後どのように人の心を動かし、日本の社会を変える力を持つのか。

認知能力、言語コミュニケーションは、今後のAIの加速度的な進歩により多くの問題が解決されていくことでしょう。しかし、人の心に起因する問題、もっと言うと、憎悪や分断、無関心。
そのような心の問題に対しては視覚に訴える、寄り添う、繋ぐ、共につくる、枠をとっぱらう……といった形容詞を伴ったARTによってでしか解決への道が示されないのではないか。
そんなちょっとした確信を胸に、しめくくりたいと思います。

（追記）

　2019年に奇跡の再会を果たし繋がったガザのアーティスト達（詳細は、前著「ART×国際協力―世界中に風を通す扉を―」を参照）。その後、何度かやり取りをするも、開かれた扉の蝶番はさび付きそうになる日々が続きます。扉を開いておくために、具体的な扉をつくろうと、思いを新たに彼らとのFACEBOOKグループを作成したのが、2023年10月6日。後にパレスチナ－イスラエル問題の大転換の事件として歴史で語り続けられるであろう、ハマスによる無差別テロの前日でした。

　その翌日にあたる10月7日から、そのグループには、ガザのアーティスト達からの悲痛な叫びが届きました。

　この執筆をしている2023年10月31日時点で、イスラエルによる空爆、地上戦の拡大により6500人近くの人が死に、100万人以上が家を失う人道上の危機にあります。電気、通信は空爆と制裁措置により遮断され、この10日間連絡はありません。

　皮肉なことに、10月7日、世界一大きい「天井のない監獄」と言われる壁が壊され、無差別殺人が行われ、10月31日現在、世界一の人口密度であり、中小のビルが多く立ち並ぶガザはことごとく空爆によって破壊され、壁、垣根が取り去られています。

　そして、断絶、憎しみの連鎖。

　日本から9000キロ離れた遠い遠いところでの出来事。

　空爆、地上戦の下には、家族を愛し、平凡な日常を願う人々が暮らしています。未来を夢見る若者、子ども達がいます。

　私にとっては、アーティストの友人が暮らしているガザです。

　彼らは、描いてきた作品、画材など放り投げ、家族を守り生き残ることにすべてをかけている、もしくは、怪我をして入院をしている、死んでしまっているかもしれません。

　今回の書籍の執筆は、自分自身を見つめ、自分事として、ARTの力で何ができるのかを考える機会になりました。そして、運命のように執筆中に起きた

大規模なガザ戦争。この現実に自分自身がどう向き合うのか。

最後に友人のアーティストの言葉をもって筆を置くことにします。

アートで何ができるか。
できるのは、向き合うことだけかもしれない。
向き合うことから始まるのだ。

1）Unicef.org. 2020. Early Childhood Development in Egypt によると、子ども達を保育園に通わせない理由として、27％の保護者が保育園で病気に罹患することを心配し、20％が不適切な保育により子どもがケガをすることを心配し、17％が保育園の衛生環境に不安を感じている。
2）https://www.ecd-egypt.com
3）2020年4月から待機開始した人数は、2,039名（その時点で訓練終了し、渡航前に派遣見合わせとなった306人を含む）。
4）前掲2）
5）参考映像：https://www.facebook.com/ECDEGYPT/videos/1160411547802263/

あなたにとっての

幸せとは

何ですか？

ARTでつながる国際協力

石田 恒平
東京造形大学　大学院　造形教育研究領域
元 JICA 海外協力隊：モザンビーク共和国派遣

1．ARTの力で何ができるのか？

「ARTでつながる国際協力活動が出来たら……」そんな思いを抱きながらJICA海外協力隊への参加を志願しました。

私は現在、東京造形大学造形教育研究領域科に所属し、アートの視点を取り入れた国際協力活動をテーマに研究を行なっています。もともとは大学卒業後から私立の中学・高等学校で担任・美術の教員として13年間教育の現場に携わってきました（2009〜2021）。

2．JICA海外協力隊を志すきっかけ

教師海外研修への参加（10日間のモンゴルへの訪問）

かねてから、興味関心を寄せていた教師海外研修に参加したことが、JICA海外協力隊を志すきっかけとなりました。当時、JICAが実施している様々な事業には興味関心はあったものの、日程がなかなか合わず参加することは難しいのが現状でした。しかし、教師海外研修は夏休みなどの長期の休暇中に参加が可能であることを知り、上司に相談したところ快く参加への後押しをしてくださいました。

教師海外研修は、開発途上国の現状や国際協力の現状について、実際に途上国を訪問しJICAが実施している教育支援について体験し、考え、研修終了後も継続して、本研修で培われた教員ネットワークで情報を共有することで、各地域の学校教育関係者と共にさらなる国際理解教育／開発教育の推進を図ることを目指し行なっているプログラムです[1]。

　年によって研修国やプログラムは異なりますが、私が参加した2003年度はモンゴルとエルサルバドルへ計20名の先生方が派遣されました。東京、群馬、長野から参加した先生方10名がモンゴルへ訪問することになりました。

　現地への訪問までの期間は、事前研修を通じて、目的や課題を意識し、先生方との交流を深め、連帯感を高めていきました。

　モンゴルへの訪問では、JICA海外協力隊として現場で活動している協力隊員の方の活動現場を視察させていただきましたが、いきいきと活動している協力隊員の姿に感銘を受けたのを今でも鮮明に覚えています。JICA海外協力隊が行なっている国際協力活動の意義や必要性について改めて考えさせられる機会となりました。

　教師海外研修に参加して感じたことは、まさに「百聞は一見にしかず」ということでした。事前の国内研修で学習したことや考えたことが実際に見たり体験したりしたこととリンクして、学びが広がる瞬間がたくさんあり、改め

首都ウランバートル、新モンゴル高等学校　学校視察・交流の様子

　新モンゴル高校は、日本式の教育を取り入れた私立の学校で、生徒や教員が日本へ留学したり、様々な学校との交流を行なっています。学校は夏期休暇中でしたが、日本語の特別講習が実施されており、日本語クラスを見学した後、日本の教員による日本文化紹介を行う授業や、生徒達との交流を図りました。

淡水資源センター訪問

遊牧民のゲル泊

JICA の無償資金協力により建設した淡水資源センターへの訪問。JICA 海外協力隊の方からモンゴルの環境分野での課題や協力活動に関する報告やセンターの見学をさせていただきました。

て学ぶことの楽しさに気づかされました。私が感じたことは、モンゴルと日本で言語や文化は違っても、お互いに共通し、つながる場面が多々あったということです。単に「この国のここが違う」、「ここが同じ」だけではなく、その両方を知ること、理解することで、はじめて相互理解につながり、真の国際協力につながっていくということにも気づかされました。

10日間のモンゴルでの研修を終え、事後研修の報告会で、参加された先生方が「JICA 海外協力隊に参加してみたい」という意見が多かった中、私だけは参加への前向きな意見を素直に言えませんでした。その理由は、文化や環境、言語も違う異国の地で2年間も活動ができるのかという不安もあり、中途半端な気持ちで参加することは逆効果だと考えていたからです。また、心のどこかで私には無縁

授業実践報告会（JICA 地球ひろば）
研修の経験を生かした授業実践後、研修の成果（主に授業実践）について、教育関係者をはじめとする地域の方々に報告しました。

授業で使用した教材や現地で購入した品などを展示

の遠い存在のように思っていたこともその理由のひとつでした。

しかし、不思議なことに参加への意志が薄かったにも関わらず、帰国してからずっとJICA海外協力隊として活動していた協力隊員の方々の姿、満面の笑みを浮かべていた現地の子ども達の姿を忘れることができませんでした。

日が経つにつれ「JICA海外協力隊に参加したい」という気持ちの高まりは募るばかりでした。仕事を辞めて参加しようとも考えていたのですが、JICA海外協力隊の参加募集説明会に参加した際に、現職で参加することができる「教職員現職参加特別制度」があることを知り、JICA海外協力隊への参加を決意しました。

3．JICA海外協力隊の活動

この節では、日本美術教育連合、日本美術教育研究論集56号[2]（研究ノート）で発表した内容をもとに、私がモザンビークで行なってきた2年間の活動について紹介したいと思います。教科ならではの問題や課題、実践授業を通して感じたことや課題に対するアプローチなどについて書いていきます。

（1）モザンビーク共和国ってどこにある？

モザンビーク共和国（以下モザンビーク）は、アフリカ大陸の南東部の海沿いに位置する国であり、首都はマプト。ポルトガルの旧植民地であり、公用語はポルトガル語。国土面積は約8万平方キロメートルで日本の約2倍[3]、人口は約32,969,518人（worldbank 2023年）[4]である。

外務省HP記載の地図をもとに筆者加工
https://www.mofa.go.jp/mofaj/area/africa.html
（9月22日アクセス）2023

（2）配属先

私は現職でJICA海外協力隊（2017年10月〜2019年10月）に参加し、アフリカのモザンビークで青少年活動（美術）として派遣されました。

派遣先は首都マプトから車で2時間くらいのところにあるマトラという町です。JICA・配属先からの派遣要請内容は「授業を通じて、生徒達に絵を描くこ

Escola Secundária de Nkobe
（コビ中等教育学校）

との楽しさやものをつくる喜びを教えてほしい」ということでした。日本の学校で美術教育の現場で携わってきた経験を活かし、どんな授業を展開しようかと日々思案し、初日の活動を楽しみにしていました。

私の配属先は 2013 年に日本のODAで設立されたEscola Secundária de Nkobe（コビ中等教育学校）という学校です。1～8学年の生徒達が在籍し、午前・午後・夜間の三部制で授業が行われています。私が派遣された時は教室数は 16 教室あり、生徒数が 4,780 名、教員数が 87 名でした。

（3）ボランティアとしての最初の活動

　私が初めて配属先に派遣された時は長期の夏期休暇に入る直前で、試験が行われていました。初日に校内を案内してもらったのですが「この環境で授業が行われているのか」という現実に正直愕然としました。教室内を見る限り、ゴミが散乱し、ほとんどの机や椅子が壊れている状態でした。今までに海外の学校の視察をしてきましたが、ここまでの状態は初めてでした。

　この状況をどうにか変えたいと思い、私は生徒達が新学期に登校するまでの約1ヶ月の間に壊れている机と椅子をすべて修理しようと思いました。教室数や机、椅子の数の問題は予算の関係も関わってきますが、今あるものを修理して、大切に使い続けるということは可能だと考えました。授業の質の向上も大切ですが、それ以前に生徒達の学ぶための環境づくりを整えることが大切だと思いました。

　長期休暇中ということもあり、授業は行われていませんでしたが、毎日学校に行き、朝から晩まで各教室の机と椅子の修理をしていました。私が初代の隊員ということもあり、配属先も最初はボランティアに対してどのように接してよいのか戸惑っている様子でしたが、自分自身のことを理解してもらえるように配属先の先生方とコミュニケーションをとるように心がけていました。

同僚の先生方と机と椅子を修理している様子

ペットボトルの蓋や瓶の王冠を使うことで壊れにくくなるという同僚からのアドバイスを取り入れました。

　最初は1人で机や椅子の修理をしていましたが、徐々に同僚の先生方も手伝ってくれるようになり、始業式までにすべての机と椅子の修理を終えることができました。

　ものを大切にする文化ではありますが、壊れやすい状況というのも原因のひとつだと思います。2人掛けの椅子も生徒数の多さから3人で使用していたり、床もコンクリートのため、移動の際に強い衝撃が加わり、ビスやネジなどが緩んで外れてしまう。修理したいという気持ちはあっても、それに必要な道具や材料を買うためのお金が学校にはないのも要因なのかもしれません。しかし、同僚が「一緒にやろう」と声をかけてくれたことが何よりも嬉しく、一緒に活動することに意味があるのだとその時思いました。

（4）活動現場における課題と教科の特性

　モザンビークにおける美術教育の実状

　モザンビークにおいては、初等教育（1～7学年）までが義務教育であり、中等教育（8～10学年）は義務教育ではありません。学費や教科書が有料であることから、授業を行う上で必要な用具を持っていない生徒がほとんどでした。また、生徒数に対しての学校数の少なさから、学校によっては1教室に100名以上の生徒達が一斉授業を行わなければならない状況です。机や椅子の数も限られており、床に座り、授業を受けざるを得ない状況も課題のひとつと

いえます。

　モザンビークでは Educação visual（視覚教育）[5]という美術の教科があるのですが、絵を描いたり、ものをつくる内容も教科書には含まれてはいるものの、授業内では制作の時間がほとんど行われていないのが実状です。その要因として考えられることは、生徒達が絵を描くための紙や鉛筆・絵の具などの用具を持っていないこと。そして、1教室に対しての生徒数の多さ、教える側の技術力や指導法の問題などがあげられます。

　また、教科書に沿ってすすめられる授業も、教科書が非常に高価なためにほとんどの生徒達は持っておらず、2コマ続きの90分の授業も教員による板書と口頭説明を生徒達は粗末なノートや切れ端に書き写して終わっている状況でした。試験が行われることからも教科書を持っていない生徒達にとって内容を書き写すことは大切なことではありますが、制作活動を通して、絵を描くことの楽しさやものづくりの喜びをどのように伝えることができるかが私にとっての課題だと思いました。

　美術の教科では、年間の授業のほとんどが図法や製図する内容となっているのですが、図法・製図を行うための定規や分度器・コンパスなどが揃わない状況の中で行わなければいけないことも課題でした。生徒同士の用具の貸し借りが多く、授業を円滑に進めることが困難な状況であり、用具がないために目測で描いている生徒がほとんどでした。単元によっては用具を使用しながら実践して学んでいかなければ理解につながらないのも課題ではないかと思います。

　1クラスの生徒数が100人と、日本では考えられないような生徒数の多さの中で授業展開をしなくてはならない実状も理由のひとつではありますが、美術は知識の詰め込みのような座学の授業だけでは、真の楽しさは学ぶことはできないと思い、同僚の先生方と話し合いを重ね、生徒が授業内に絵を描いたり、ものをつくる時間を少しでも増やすことができないか検討することにしました。授業がない日には同僚

切り絵の授業

の先生方の授業を見学させてもらい、先生方と授業内容や改善点などについて話し合いをしました。もちろん、カリキュラム、設備や用具、生徒数の問題もあるため、日本のやり方を一方的に押し付けることはせず、可能なことから取り組んでいこうと考えました。

切り絵の授業（世界に一匹だけの蝶）

　日本でも美術教育に携わってきた経験がありましたが、現地と日本で行われている美術教育とのあまりの違いに、私に何ができるのか、設備や用具がない環境でどんな授業が実施できるのか、日々頭を悩ませていました。

　制作をともなう授業においては、同僚とも話し合いを重ね、「世界に一匹だけの蝶」をテーマに切り絵を作成しました。ハサミや色鉛筆、ペンなどはグループで使用することで用具の不足を補うようにしました。

　表現の可能性を伝えることが目的で行なった活動でしたが、熱心に取り組んでいる様子を窺うことができ、生徒の中には授業後も取り組み、納得のいくまで作品と向き合っている姿が大変印象的でした。

（5）技術移転を目的とした実践や工夫（教材・用具不足への対応）

① 教科書に沿った副教材

　生徒達が教科書を持っていない状況、板書と口頭説明による授業の改善のため、1年かけて教科書の内容に照らし合わせた副教材を作成しました。本来であれば作成したスライドを投影したかったのですが、パソコンやプロジェクターなどの投影機材などは学校にないため、A3用紙に両面印刷し、黒板に貼り付けられる

教科書の副教材
（A3 両面印刷 300 ページ）

Ⅲ　ARTでつながる国際協力　｜　101

工夫をし、誰でも使用できるシンプルな教材としました。紙の素材では長期間の使用が困難と判断し、ラミネート加工も施しました。

印刷とラミネート加工に関しては、JICAの現地支援制度（現地業務費）を申請し、作成しました。授業終了時には、多くの生徒が黒板の前に集まり、副教材の図版資料を見ながら、ノートに描き写している姿が大変印象的で、視覚に訴える効果として有効性が高いと感じました。また、技術移転のための工夫として、あくまで同僚が主役となるよう授業を行いました。脇役に徹することで、同僚の立場やプライドを傷つけることなく、配慮しながら授業をすすめるよう心がけました。

お互いの授業のやり方や改善点、副教材の使い方について話し合うことで、協力隊員の任期が終わった後も持続可能な取り組みとして期待される活動だったと思っています。

同僚による副教材を用いた授業の様子

授業前の準備　　　　　　　　　　休み時間の様子

② 用具の作成

　Educação visual（視覚教育）の授業の中で図法・製図を行うことが多いことからも、用具の必要性が課題となります。試験などでも図法・製図が出題されることが多いのですが、生徒達は必要な文具（定規やコンパス）を買うことが出来ずに持っている人から借りたり、フリーハンドで描いている状況をどうにか変えたいと思い、手作り文具を作成しました。

　インターネットのフリー素材として使用可能な定規（30cm定規×1、三角定規2種類）を印刷、ラミネート加工し、裏に学校名と番号を記し、授業後に教員が回収する形で、学校の備品として保管しました。全てをカバーできるわけではありませんが、経済状況により、文具の購入が難しく、授業に参加できない生徒や貸し借りを行うことでの授業進度の遅れ、目測で描いて理解につながらないという状況の改善に少しは役立ったのではないかと思います。

授業の様子

（6）美術教育普及への活動の場の拡大
① 美術部の活動（コビ中等教育学校）

　2年間の派遣期間の活動の中で、5つの報告書を提出することになっているのですが、報告書の中で、「授業内での制作活動の時間がまったくない」「絵を描いたり、ものをつくる機会をつくりたい」等の記述が見られ、部活動を発足させ、放課後の時間や休日に美術部の活動をしている隊員の例が多く見られました。

　実際にカリキュラムが決まっていたり、試験のための学習時間の確保など、授業内で制作する時間がまったくないのが実状です。具体的な活動事例として、美術部をつくり、絵の具やクレヨン・色鉛筆などを使った着彩画や廃材を利用した小物づくり、日本文化を取り入れた折り紙など、現地でも比較的入手可能な材料でできることを考慮しました。多い日には40名を超えるほどの人数が集まり、絵を描くことやものづくりへの興味関心の高さが窺えました。

② アートマイル国際協働学習プロジェクト

　アートマイル国際協働学習プロジェクトは、多様な文化背景を持つ同世代と対話的・協働的に学び合い、学習の成果物を『共創』する活動を通して、今社会で求められている「決まった答えがない問題を多様な他者と対話的・協働的に解決する力」や「無から新しい価値を生み出す力」を育てることを目的とした活動です[6]。

　年間を通じて、海外のパートナー校と共通の学習テーマで交流し、学び合い、双方の学習の成果として、1枚の壁画を共同で描くプログラムです。

　自己紹介から始まり、手紙のやり取りや、お互いの文化紹介など、オンラインでつないで交流をはかりながら、持続可能な開発目標（SDGs）を学習テーマに行いました。

　塗料はイベントカラー（ペンキ）を使用しました。基本色を混色して必要な色をつくらなければいけないのですが、絵の具を使用する機会がなかった生徒達にとって、色彩に関する知識が乏しく、色と色を混ぜ合わせることによって新たな色をつくることができるという体験に驚いていました。

　最初にモザンビークの美術部の生徒達が右側半分に絵を描き、その後、日本の学校（前任校）が残りの半分に絵を描きました。

SDGs 達成目標17「パートナーシップで目標を達成しよう！」
2019年8月7日撮影（筆者：右側最上段中央）

制作の様子

完成した作品　日本（左）・モザンビーク（右）

　前述の通り、美術教育普及への活動の場の拡大として参加した活動ではありましたが、お互いの文化交流から始まり、問題意識に目を向け、同じ目的に向けて取り組んだ活動において、国際交流の有効な交流活動が見られました。

アートマイル国際協働学習プロジェクトの年間の活動プログラム

場面	時期	活動	児童・生徒の反応
出会い 自己紹介	4月 5月	■学校紹介 ■自己紹介・文化紹介 ■テーマについての学習	■ポスター制作や写真などで自己紹介やお互いの文化紹介を行なった。 ■お互いにつながる機会ができたことで、課題に対しての意識が高まった。
共有 テーマ学習	6月	■テーマについて調べたことを相手側と共有し、世界とつなげるテーマの話し合いと抽出。 ■協働学習を深める。課題の抽出や課題に向けての議論。	■お互いがどのテーマで問題を解決していくのかを話し合い、問題意識をもって、課題を精査していた。
融合 メッセージ 作成	7月 8月	■思いを合わせる。 ■世界に訴えたいメッセージを作成。	■お互いが抱えている問題点を把握し、話し合いの中からメッセージを作成することができていた。
創造 壁画制作	11月 12月 1月	■メッセージを表す壁画のデザイン、壁画全体の構図・制作分担。 ■壁画制作（デザイン構想・下描き・着彩）	■制作するにあたり、自分の国が抱えている問題点や出来事を考えるとともに相手に伝えることやつながりについて考えていた。
評価 振り返り 自己評価	2月	■完成した壁画をもとに今まで行なってきた活動の振り返り。 ■相手側との意見交換やフィードバック。	■お互いの国の良い点や問題点などを考え、関心をもつようになった。協働して取り組むことにより、相手を思いやる心が芽生え、まとまりが感じられた。

（7）環境に対する問題意識

① 瓶の王冠を4万個拾い集めて制作した学校の看板

　モザンビークにおいて、環境に関する教育が十分に行われていないのがひとつの要因と思われますが、ゴミは自然に帰るという考え方が根強く、校内や町の至るところにゴミが散乱している状態でした。学校内にもゴミ箱は設置されてはいますが、校庭に小さなゴミ箱が数個設置されているだけで、日本の学校のように各教室にゴミ箱は設置されていません。

　職務内容とは別に、廃材を利用したものづくりやゴミを減らすための活動に取り組んでいる隊員が多いことも事実です。

　環境問題をテーマに学校・教職員・生徒達と何かできないかということで、

学校内や道に落ちている瓶の王冠を4万個拾い集めて学校の壁に巨大な看板を作成しました。同僚の教員の協力もあり、担当している学年以外の生徒達も活動に参加し、学校全体としての活動につながりました。

　カリキュラムの問題や授業内で活動することは難しかったのですが、休み時間や放課後の時間には生徒達が集まってきて、自主的に活動に参加してくれました。おそらく共同制作を行なったことがない生徒達にとって、このような機会をつくることも協力隊員ができる大切な活動なのではないかと思いました。

　この活動の中で学校の看板を制作し、生徒達に共同制作の楽しさや達成感を与えたいということもありましたが、完成に至るまでのプロセス

コンクリート壁状に瓶の王冠を使用し完成した看板（約30メートル）
制作期間約1ヶ月　2018年9月29日完成

活動の様子　同僚の先生方　　　　　　活動の様子　生徒達

Ⅲ　ARTでつながる国際協力

が目的でもありました。生徒達自身が目的をもち、清掃活動に少しでも携わる活動が大切ではないかと思っていました。環境問題に対する意識を変えていくことは容易なことではないと思いますが、活動を通じて、その問題に対して考えるきっかけづくりにつながった活動であったのではないかと思います。配属先も王冠での看板制作を非常に気に入ってくれたようで、学校の入り口にもつくってほしいとの依頼があり、同僚達と一緒に制作することにしました。

② バスケットゴール型のゴミ箱の設置

環境をテーマに行なった活動として、バスケットゴール型のゴミ箱の制作があります。生徒達に遊び感覚で楽しく環境教育を考えてもらいたいということから考えました。

学校内に4箇所設置したのですが、生徒達が楽しみながらゴミ箱にゴミを入れている様子を見て、ゴミ箱に捨てるという当たり前の行為に違った視点を取り入れることで効果があったとこの時感じました。

バスケットゴール型のゴミ箱

休み時間の生徒達の様子

(8) 活動を行う上で心がけていたこと

活動していく上で特に心がけていたことは、日本のやり方を一方的に押し付けるのではなく、相手の立場に立ち、共に問題解決を行なっていくということでした。また、継続性を考え、協力隊員が帰国した後も持続可能な取り組みとして、同僚やカウンターパートと一緒にPDCA(Plan・Do・Check・Action)

サイクルを実施していくことが非常に重要であると考えていました。

　カウンターパートや同僚の不在という場合もあると思いますが、必ずしも技術移転を行う相手はカウンターパートや同僚に限ったことではないと思います。学校教育現場においては、授業を通じて生徒達に伝えることも大切な技術移転だと思いますし、地域のコミュニティの輪を広げ、その中で行動に移すことで興味関心をもってくれる人は必ずいるはずです。

　2年間のボランティア経験は私にとって非常に有益でした。日本を離れ見知らぬ土地、文化の中で過ごすことで、行動力や順応力を身につけることができ、改めて日本の良さを見直すきっかけにもなりました。

　慣れない言語や異なる環境に最初は不安に思う事も多々ありましたが、様々な活動を実行する際も、常に同僚が力になってくれたおかげでそんな気持ちもすぐに解消されました。今までに行なってきた活動も自分一人では決して達成できなかった活動ばかりでした。文化や環境、言語の違いを気にしていたのは自分自身で、モザンビークの人達はそんな壁も気にしないくらい心を開いてくれました。文化や環境、言語は違っていても、つながる部分や分かり合えた瞬間はたくさんあり、そのことに気づかせてくれたのも同僚の支えがあったからこそだと思っています。派遣されたばかりの頃は語学力不足のため、会議に参加しても上手く対応できず、配属先が求めていることや明確な計画など、具体的な活動の詳細がなかなか見えてきませんでした。しかし、会議が終わったあとに同僚はいつも会議の内容を分かりやすく、かみ砕いて私に教えてくれました。いつも支えになってくれていた同僚には本当に感謝しています。

　2年間の活動の成果は何よりモザンビークの人達と一緒に過ごした時間が多かったということです。限られた期間でボランティア自身ができることには限りがあると思います。しかし、モザンビークの人達と問題解決に向けて共に活動できたことは、私にとっての財産だと思っています。

　日本と異なる美術教育や学習環境に日々悩むことも多かったですが、ボランティアが要請された意味とは何かを考え、様々な問題を見つめ直し、同僚と共に行動していくうちにスムーズに活動できるようになっていきました。授業の副教材作成や文具の作成、生徒達や同僚の先生方と行なった瓶の王冠で作成し

活動最終日の報告会の様子

た学校のロゴや環境教育への取り組みなど、すべての活動が一生忘れる事のない経験につながっています。

　要請内容に即した活動に取り組むことも確かに大切なことではあると思いますが、現地の人達と同じ目線に立ち、課題を抽出し、共に解決に向けて取り組んでいくことが何よりも大切な視点だと思います。

　今後は自分自身が学んだことや経験したこと、そしてモザンビークの人達が気づかせてくれたたくさんのことをより多くの人達に伝えていきたいと思っています。

4．東京造形大学大学院 造形教育研究領域での研究

　2年間の活動を終え、私は元の職場に戻り、JICA海外協力隊として学んだ経験や知識を最大限還元しようと日々模索していました。授業やHR活動などを通じて、国際理解や異文化に触れる機会を少しでも多く感じてもらえるように取り組み、自身の経験を生徒達に伝えることの意義や大切さを感じながらも2020年に職場を退職し、現在東京造形大学の大学院で、JICA海外協力隊の経験を活かした研究活動を行なっています。

　私の現在の研究テーマは「JICA海外協力隊の活動の検証と一考察—芸術的

思考による国際協力活動—」についてです。国際協力活動における芸術的思考とは「美術の中だけで定義づけるものではなく、現地との関わりの中で協働しながら、創造的活動を生み出す思考のことであり、協働性やクリエイティビティ・エンパワメント・価値観の転換を生み出すための物ごとの考え方」です。

芸術的思考による国際協力活動を行うことで、周囲の意識の転換やイノベーション、エンパワメントなどの相手の意識の変容を促し、最終的には技術移転につながりやすい要因を生むのではないかという仮説を検証していくことが目的です。

これまでの研究方法として、モザンビークに派遣された327名のボランティア活動報告書の分析、そして、モザンビークに派遣されたJICA海外協力隊OB・OG 20名からの質問紙調査及びJICA海外協力隊OB・OG 7名、JICA関係者3名からの聞き取り調査を実施してきました。

分野や職種に関わらず、芸術的思考を取り入れたと思われる活動を行なっている協力隊員が全体の41％いることが明らかとなりました。芸術的思考を取り入れることで、活動自体が円滑に進み、最終的に技術移転につながりやすい要因を生むのではないかという仮説の下、研究を行なっています。

研究の詳細については、今後の修士論文・学術論文で発表させていただきますので、ご興味ある方はそちらでご覧いただけたらと思います。

5．モザンビークの生徒達と行なった絵本制作

絵本制作はモザンビークの生徒達と東京造形大学の山田ゼミナールの学生達が共同で行なった活動です。

絵本制作を行うきっかけは、モザンビークで活動を行う富井佳織さんの学校で図書室をつくる活動をしていて、その記念として絵本を制作したいということから始まりました。

モザンビークではパソコンソフトのイラストレーターやフォトショップなどを使用する機会がほとんどなく、パソコンやタブレットなどのICT端末がない状況ということで、生徒達が描いた絵を東京造形大学山田ゼミナールの学生達がイラストレーターやフォトショップで加工し、絵本をプレゼントするという計画となりました。

（1）絵本制作の概要

タイトル：「ナマラゾータという男の話」
制作期間：2022年6月〜2023年7月
参加者：・東京造形大学山田ゼミナールの学生6名
　　　　・ボアネ郡ピココ地区エル・シャダイコミュニティースクール
　　　　　生徒15名
　　　　　（Escola Comunitária E l'Shaddai）
　　　　・JICA海外協力隊員1名（2019〜2023）

内容：モザンビークの民話をもとに制作した絵本の活動。一人の貧しい男ナマラゾータが主人公で、ある女性との出会いにより、裕福な生活を送ることができるようになった。その後結婚し、妻からの「絶対に後ろを振り返ってはいけない」という約束を破ってしまったことで、裕福な生活からまた貧乏な状態に戻ってしまうという物語。

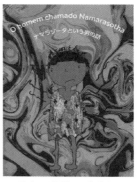

絵本の表紙のデザイン

（2）実施内容及び方法

1年目の活動として、東京造形大学山田ゼミナールの学生とエル・シャダイコミュニティースクールの絵本制作に関わる生徒達とのオンラインでの顔合わせから始まり、企画内容・制作の流れについて共有しました。

レイアウト決め

原画のトレース

絵本の構成について

　その後、エル・シャダイコミュニティースクールの生徒達が絵本のストーリーを考え、原画を作成し、また山田ゼミナールの活動では、原画をもとに画面ごとのレイアウトやページの構成などを行いました。

　2年目の活動としては、新学期に伴い、山田ゼミナールの学生の入れ替わりもあったため、顔合わせ・進捗状況の確認・情報共有のため、オンラインによる交流を実施し、その後の活動として、実際に生徒達が描いた原画をもとにフォトショップでアウトライン・解像度の補正、イラストレーターでの着色・画面構成を行いました。

　モザンビークでは、コンピューター・パソコンなどの設備のある学校は少なく、授業で使用できたとしても複数名で1台を使用するのが実情です。また、イラストレーターやフォトショップなどを使用する機会がない生徒達にとって、鉛筆で描いた自分達の絵がきれいに塗られているということに非常に関心をもっている様子でした。自分が描いた絵がどこに使われているのかなど、真剣な眼差しで絵本を見ていたことが大変印象に残っています。

　制作を行う上で、モザンビークの民話に基づいた話ということもあり、絵本を通じて読み手側が自国の文化を少しでも感じてもらえるような仕掛けとして、

Ⅲ　ARTでつながる国際協力　│　113

絵本に登場する主人公の衣服はモザンビークで実際撮影した写真をトリミングして使用するように工夫しました。また、生徒達が描いてくれた絵の良さを最大限残したいということから、原画の魅力を引き出せるような処理の仕方で、描かれた線のタッチをそのまま使用することにしました。

　活動を通じて、東京造形大学山田ゼミナールの学生達の課題に対する意識や作品に込める思いなど、モザンビークの生徒達との交流を通じて変化を感じる場面が多々ありました。

　絵本制作に関するアンケートを実施したのですが、異文化理解や異文化共生、協働性、価値観の転換などに関する回答が多く見られました。いくつか紹介したいと思います。

絵本制作のアンケートから一部抜粋（東京造形大学山田ゼミナールの学生）

- 日本の昔話とモザンビークの昔話には共通するところがあるという点が、興味深いと感じた。特に、「後ろを振り返ってはいけない」という教訓は、日本でも共通するテーマであり、日本の子ども達に読み聞かせを行なったが、受け入れやすい内容だった。また、モザンビークの生徒達の描く絵からは、彼らの日常生活が垣間見えた。
- 生徒達がこだわりを持って挿絵を描いていたことが伝わってきました。
- オンラインでの交流会では、唇の色についての話がとても印象に残っています。こちら側では、明るい色を当てていましたが、モザンビークの生徒達は実際の唇の色に近くないと不自然だという意見をいただきました。実際にやりとりしないと分からないことがあるので、とても大事だと思いました。
- 制作している間、「この色はこうなんだ」とか、「この絵はこういう意味なんだ」とか、私達の常識とは違う答えが返ってくることも多く、改めて文化の違いを体感し、世界が広がった感覚でした。
- 絵本の話の中にある、振り向いてはいけないという場面は世界の民話・神話と共通する部分もあるので、共同制作を通じて異なる背景や、価値観を持つ者同士での相互理解につながると思いました。また、モザンビークの生徒達が描いた絵はとても力強く、日本の生徒達とはまた違う雰囲気を出していて、絵本にしていくのが楽しみでした。

絵本制作を通じて感じたことは、文化や環境、言語が違っても制作を通じて新たな気づきやつながる場面が数多くあったということです。

　気づきとしては、男性と女性の肌の色や男性の唇がなぜ赤色で表現されているのかなど、モザンビークの生徒達からの指摘がなければ気づくことができなかった視点であり、他国との交流を通じて改めて文化や価値観の違いや新たな視点につながる良い機会となりました。

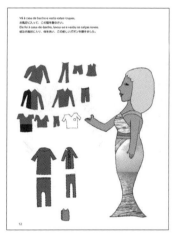

完成した絵本から一部抜粋

6．実践報告　〜現地での活動を通じて〜
現地調査〔2023年8月10日〜27日〕

　大学院に入学したときは現地への調査を考えていましたが、新型コロナウイルス感染症感染拡大のため、各国の感染状況も分からず、渡航することは正直難しいのではないかと思っていました。

　しかし、新型コロナウイルス感染症の位置づけが、2023年5月8日から「5類感染症」に移行されたこともあり、現地への調査を行うことにしました。

　今回の現地調査では、2019年度にJICA海外協力隊として派遣されている富井佳織さんの協力のもとで現地調査や実践活動をさせていただきました。

　2020年当時は、新型コロナウイルス感染拡大に伴い、世界各地に派遣されていた全協力隊員が日本への一斉一時帰国を余儀なくされ、その後の見通しもつかない状況が続いていましたが、モザンビークでは、現在約30名ほどのJICA海外協力隊の方々が活動しています。

　8月の現地調査を行う上で、現地での様子や訪問する配属先、具体的な活動内容について半年前から事前調査を行なってきました。現地での活動も子ども達に絵を描くことの楽しさやものをつくる喜びを伝えたいという思いがあり、活動する上で事前調査の必要性を強く感じたからです。

　現地の人達や生徒達とのオンラインでの交流を行い、富井さんとも現地の状況や課題などについて、任地における課題・問題提起を浮かび上がらせ、課題を把握し、現地の思いや願い・ニーズなど、情報収集しながら、活動の企画について話し合ってきました。配属先の人達からのニーズに応えたいと思い、授業実践やワークショップ、壁画制作、作品展などいくつか計画を立案しました。

　本節では2023年8月にモザンビークで行なってきた具体的な活動についてご紹介させていただきたいと思います。

　日本から3回乗り継ぎ、32時間かけてモザンビークに到着しました。4年ぶりのモザンビークへの渡航や現地での活動のことを考えているうちに長時間のフライトの疲れなど全く感じませんでした。

　マプト国際空港を出た時の懐かしい気持ちと、これから始まるモザンビークでの生活に胸を膨らませていました。

モザンビークでの現地調査および現地での活動　工程表（8月10日～8月27日）

	工程表		滞在任地
8月10日(木)	成田 17:00発		
8月11日(金)	モザンビーク 18:05着		マプト
8月12日(土)	アートワークショップ (Centro Cultural Brasil -Moçambique)	8:00～準備 10:00～12:30　アートワークショップ 13:30～JICA海外協力隊の方々との交流	マプト
8月13日(日)	JICAモザンビーク事務所訪問 マファララ地区訪問(マファララ博物館) マプトからボアネへ移動	9:30～10:30　ブリーフィング（JICA事務所） 11:00～12:30　マファララ博物館とコミュニティ訪問（現地ガイド同行）	マファララ
8月14日(月)		教師海外研修に参加された先生方との交流	
8月15日(火)		壁画制作　全学年	
8月16日(水)			
8月17日(木)	EL'SHADDAI （エスコーラコミュニターリアデエルシャダイ） ・アートワークショップ ・壁画制作	ちぎり絵・貼り絵　5歳～3年生 楽器づくり　4～6年生 写生①（私の好きなBoane）7～8年生 事前授業（遠近法）写生	ボアネ
8月18日(金)		楽器づくり　4～6年生 写生②（私の好きなBoane）7～8年生 事前授業（水彩絵の具の使い方）　着彩	
8月19日(土)	作品展示会 DREAM OF ART(Art Music Dance) (Centro Cultural Brasil -Moçambique)	7:00～会場準備 9:30～展示会のオープニング 10:30～音楽とダンスの発表 11:30～絵本のお披露目会 　　　　表彰式 12:00～閉会式	マプト
8月20日(日)	カテンベでの現地調査	JICA海外協力隊の方々との交流	カテンベ
8月21日(月)	マニッサでの現地調査	コミュニティ訪問	マニッサ
8月22日(火)	マニッサ郡経済活動事務所訪問	JICA海外協力隊の方の配属先	
8月23日(水)	マトラ訪問	自身の活動先であったコビ中等教育学校訪問 現地の先生方との交流	マトラ
8月24日(木)	EL'SHADDAI （エスコーラコミュニターリアデエルシャダイ）	壁画制作　全学年	ボアネ
8月25日(金)			
8月26日(土)	メルカドペイシー（魚市場）	日本のODAで設立した魚市場 壁画アートの視察	マプト
8月27日(日)	モザンビーク 7:00発		

（１）アートワークショップ

8月12日（土）に首都マプトにあるCCBM：Centro Cultural Brasil-Moçambiqueという場所でアートワークショップを実施させていただきました。

今回行なったアートワークショップでは「世界に1匹だけの蝶」をテーマに切り絵を制作しました。切り絵をするのは初めてという参加者が多かったのですが、自分の納得のいく作品ができるまで熱心に取り組んでいる姿が印象的でした。

蝶を切り抜いたあとに色鉛筆や水彩絵の具で色を塗る際にも、様々な色を組み合わせて、縞模様や点描で表現している子ども達もいました。

イベントの開催にあたり、Centro Cultural Brasil-Moçambiqueの館長さんがアートワークショップのポスターやチラシで広告してくれていたおかげもあり、100名を超える多くの方々に参加してもらうことができました。参加された方々が楽しそうに制作している様子を窺うことができ、このイベントを開催した甲斐があったと思っています。

CCBM：Centro Cultural Brasil-Moçambique

アートワークショップのポスター

CCBMはダウンタウンの25デセテンブロ通りとカールマルクス通りの角にあります。1,162㎡の十分な物理的スペースがあり、2つのフロアに分かれています。建物には、講堂、図書館、アートギャラリー、ポルトガルの教育室、カポエイラクラス用のスペースがあります[7]。

アートワークショップ当日の様子

絵を描くことやものづくりの楽しさを伝えたいという思いから、アートワークショップを行いましたが、異文化交流の場としても非常に効果的であったと思っています。

（2）エル・シャダイコミュニティスクールでの実践授業

今回活動させていただいた学校は、JICA 海外協力隊の富井佳織さんが活動している首都近郊ボアネ市のピココ区にある、ブラジルに本部を置く NGO が 2014 年に設立したエル・シャダイコミュニティスクールという私立の学校です。

生徒数は約 180 名、教員数は 20 名。クラスは全部で 11 クラスあり、5 歳児の幼児のクラスが 2 クラス。1・2・3 年生は 2 クラス（3A・3B）、4・5・6 年生は各 1 クラスの小学校。7・8 年生が中学校。中学校は昨年開校しました。

この学校では音楽や図画工作などの授業は行われておらず、事前の打ち合わせでも、子ども達に絵を描くことの楽しさやものをつくる喜びを感じてもらえるような活動を実施しようということになりました。

そして、自分の作品をたくさんの人に見てもらう機会をつくり、自信をつけてほしいという思いから、全学年で作品展示会のイベントを開催しようということになりました。

① 〜自分の好きな生き物をつくってみよう〜　5 歳〜3 年生

5 歳〜3 年生のクラスでは、自分の好きな生き物をテーマにちぎり・貼り絵を行いました。自分の好きな生き物をテーマにした理由として、日頃あまり絵を描くことのない子ども達でも、自由な表現として制作できると思ったからです。また、自信がないためか、人と同じ絵を描いてしまう傾向が高いため、人と被らないように架空の生き物でもいいということにしました。

印象的だったことは、普段であれば休み時間は友達と外で遊ぶにも関わらず、自分の納得がいくまで作品と向き合って制作に熱中していた子達が多かったと

完成した子ども達の作品は海・陸・空の生き物でまとめ、大きな画用紙に貼りました。

いうことです。
　現地の先生達も子ども達と一緒に制作に関わってくれたこともあり、色使いや表現力豊かな作品に仕上がったと思っています。

② 〜楽器づくりに挑戦してみよう〜　4〜6年生
　4〜6年生のクラスでは、楽器づくりを行いました。富井さんと企画を考えているときに、現地でアーティストとして活動している方々が私達の企画に興

制作の様子（アーティストの方々）

味を持ってくださり、「企画を一緒にやろう」と声をかけてくれました。このアーティストの方は美術館やギャラリーで作品展を開催したり、任地で採掘できる粘土から手作り楽器を制作し、学校を巡回しながら子ども達と演奏する活動をしているということもあり、アーティストの方々の指導のもと楽器の制作を行いました。

8月19日（土）に開催する作品展示会（DREAM OF ART）に楽器（笛）を作品として展示するため、粘土で笛の形をつくり、乾燥させてから窯で焼く作業は非常に時間がかかってしまうということもあり、今回の滞在期間には参加

制作活動の様子（粘土から笛をつくる）
任地ボアネで採掘した粘土

窯で焼いた生徒達の楽器と、楽器を置くための台座

することは出来ませんでしたが、オンラインで参加させていただき、私自身新たな発見につながることが多々ありました。

また、日本を中心に海外でも活動を展開するワークショップグループのONZO（オンゾー）[8]と協働し、ONZOが企画したプロジェクト「Play your sound, your rhythm」を実践しました。

「あなたの音をつくろう」をテーマに、透明なカプセルの中に身の回りにあるもので、自分の好きなものや愛着のあるものを詰めて「カプセルを振って出た音があなた自身の音」というコンセプトで楽器を制作しました。

カプセルの中に入れているものはそれぞれ特徴的で、お米や髪の毛につけるビーズのような飾りを入れている子もいました。

その音から連想したイメージでカプセルに色を着けたり、絵を描いたりして表現しました。そのカプセルに耳に近づけて、自分の身の回りにあるものがどのような音がするのかを想像して何度も音を奏でながら、その音色を楽しんでいる子ども達の姿が大変印象的でした。友達の楽器と音を比べたり、音の奏で方の違いを探ろうとしている子ども達もいて、それぞれに自分達のつくった音の響きを味わい、楽しんで取り組んでいました。

今回行なった「〜楽器づくりに挑戦してみよう〜」では、ONZOや現地のアーティストの方々と協働することによって、活動の可能性や広がりが見られました。

活動の様子

③ ～私の好きな Boane（ボアネ）をテーマに絵を描いてみよう～
7～8年生

　7～8年生のクラスでは、自分達が住んでいる地域（ボアネ）をテーマに2回の授業で写生を行いました。デッサンの仕方や風景の描き方、着彩の経験がない生徒が多いということを事前に聞いていたので、授業の導入で立方体や遠近法の描き方や水彩絵の具の使い方について教えました。

　学校付近を観察しながら、自分の好きな場所を見つけて写生することは初めての経験だったと思いますが、生徒達はみな集中して取り組んでいました。

　自然に囲まれた情景の中で絵が描けたことに生徒達も満足しているように感じました。

1回目の活動の様子　線路の上で写生をする生徒達
安全管理の観点から、先生方や協力隊員がついて活動しました。

2回目の活動の様子

水彩絵の具で着彩する生徒達

中には列車が走る線路の上に腰かけて、どこまでも続く線路を描きながら、周りの風景と同化させて描いている生徒もいて、私達が思っていた以上に課題と一生懸命に向き合い、細部に至るまで繊細に表現している姿が大変印象に残っています。普段自分達が住んでいる地域でも、絵に描いてみることで、また新たな良さの発見にもつながったことでしょう。

④ ～自分達の学校をアート空間につくりあげてみよう～
　　全学年　壁画制作

子ども達の心に残り、達成感を味わうことのできる活動ができないかと事前調査の段階から話し合いを重ね、壁画制作を行うことにしました。

ボアネという任地には近くに海がないということもあり、海を見たことがない子ども達がほとんどでした。そこで、海の中を自由に泳ぐクジラを描き、その周りの水疱にはカラフ

タイルにアクリル絵の具で着色している様子

ルな色のタイルや海で拾い集めた貝殻を使用し、自分達の夢を表現しようというコンセプトのもと制作しました。

壁画制作で使用した用具・材料はタイル・貝殻（海で拾い集めたもの）・アクリル絵の具・筆・刷毛・ニス・セメント・学校にある備品です。

はじめに１～３年生のクラスでタイルに色を塗りました。塗ったタイルは乾燥させ、次の授業で壁画制作に適した大きさにして、色分けする活動を行いました。アクリル絵の具を使ったことがない子ども達にとって、一色で塗る行為自体が新鮮でワクワクする体験だったようです。隣の友達とどちらが早く塗り終わるかを競っている子もいれば、丁寧に塗りむらができないように時間をかけて取り組んでいる子もいました。中にはダンスを踊りながら塗っている子もいて、塗るという行為ひとつとっても表現豊かだなと感心させられました。

どこに壁画を制作するかについて、現地の先生方とも話し合いましたが、屋

活動の様子

根がある空間で、子ども達の自習スペースがよいのではないかというアドバイスをいただき、制作することとなりました。

　はじめに壁にタイルをセメントで貼りつけるために壁に溝をつけることからはじめました。壁に溝をつけることによって、セメントが乾いた際に剥がれにくくするためです。

　次にチョークやマジックで壁にクジラの絵を描き、そこにセメントを塗りながら、色分けしたタイルを貼りつけていきました。

　授業時間だけでなく、休み時間や放課後にも制作を行なっていましたが、その分多くの子ども達が集まってきて、自然な形で制作に関わってくれたこと

壁画制作の様子

もあり、期間内に完成することができました。子ども達は初めて使う画材や用具に興味津々で、工夫を凝らし、アイデアを出し合いながら、楽しく協力して壁画制作に情熱を注いでいました。

壁画制作の様子

コンクリート壁状にタイルを使用し完成
縦約３×横約４メートル　制作期間約１週間　2023年8月25日完成
筆者（左側）　JICA海外協力隊 富井佳織（右側）

　１週間かけて制作した壁画ですが、子ども達も自分達でつくりあげたという達成感や満足感を十分に感じてくれたようで、完成した壁画をいつまでもずっと眺めていました。
　活動する上で大切にしていたことは、やらされているという意識ではなく、あくまで子ども達自身の自主性ややり甲斐、達成感につなげたいということだったので、活動を通じてその目的も果たすことができたのではないかと思っています。

（3）作品展示会　DREAM OF ART（Art Music Dance）
　　　（CCBM：Centro Cultural Brasil-Moçambique）

　全学年を対象に授業で制作した作品を発表するため、Centro Cultural Brasil-Moçambiqueで作品展示会を開催しました。
　今回のイベントでは、作品展示だけではなく、楽器演奏やダンスの発

当日のプログラム

9:30〜	開会式
10:30〜	作品鑑賞会
11:00〜	音楽とダンスの発表会 絵本のお披露目会 表彰式
12:00〜	閉会式

展示会 作品鑑賞会の様子

表会もプログラムに入れて行うことにしました。

当日は子ども達や先生方、JICA海外協力隊やJICA関係者など150名以上の来場者の方々にお越しいただくことができ、大変実り多く、一体感のあるイベントとなりました。

① 作品鑑賞会

展示会では子ども達に自分の作品以外に友だちから感想を書いてもらう鑑賞会も実施しました。作品に込めた思いや作品と向き合うことなど、作品をつくるだけではなく制作プロセスの大切さにも気づいてほしいというねらいがありました。また、作品の展示の仕方にも工夫しました。画用紙をそのまま貼るのではなく、絵に沿って切って作品を台紙に貼ったりするのは手間がかかることかもしれませんが、作品を大切に扱う場面や作品と向き合う姿勢なども見てくれていた気がします。展示された様子を見て、自分達の作品を熱心に探して、「自分が描いた作品があった」と指さして満面の笑顔で喜んでいる様子を目にする度に、このイベントを行なって本当に良かったと感じることができました。自分達の作品が展示され、人に見てもらえる機会があったということも大切な体験になったのではないかと思います。

アートを通じてつながる機会や場面が多々あったと思っています。アートに

は、つくる喜び、見る喜び、そしてそれを人に伝える喜びがあり、改めてアートの必要性や重要性に気づくことができました。

写生の作品

ちぎり・貼り絵の作品

楽器の作品
自分の作品についてプレゼンテーションを行い、作品の感想を
友達に書いてもらっている様子

② 音楽とダンスの発表会

　音楽とダンスの発表会には Escola comunitária El'shaddai、Colégio esperança de Moçambique、Escola Primária Completa Mártires de Mbuzine の3校からダンス部とリコーダークラブの生徒達が参加してくれました。

　イベントは歓声に包まれ、大盛り上がりでした。そして、何より一人ひとりが輝いて見えました。生徒達のダンスや演奏に言葉では言い表せない感情が込み上げてきて、観客が感動して思わず涙を流してしまう場面もありました。

　生徒達がイベントのために毎日一生懸命練習を重ねてきたことも知ってはいましたが、発表する側だけではなく、観客を巻き込んでイベントを盛り上げ、

ダンスの発表会の様子

ダンスとリコーダーによる演奏会の様子

一体感をつくりあげていこうとする姿には頭が下がりました。一般の来場者の方々や先生方、子ども達一人ひとりがつくりあげてくれたイベントだったと思っています。

③ 絵本のお披露目会・表彰式

　今回のイベントに参加してくれた3校の学校に感謝状を渡す表彰式を催し、その後、エル・シャダイコミュニティスクールの生徒達と東京造形大学の山田ゼミナールに参加する学生で制作した絵本のお披露目会を行いました。

　完成した絵本を一人ひとりに手渡すことができ、また、それを受け取ったときの生徒達の笑顔を見ることもでき、私自身本当に嬉しく思っています。

　今回のイベントを通じて感じたことは、参加者一人ひとりが主体となってイベントをつくりあげてくれたということです。他人事のように参加させられている様なイベントでは、ここまで盛り上がることはなかったことでしょう。現地の人達の協力があったからこそ、ここまでイベントが盛り上がり、意義あるものとして成功につながったと思っています。

　イベント終了後も「とても良い活動だったよ」「ありがとう」と声をかけてくれた人が多く、参加者の方々も一緒につくりあげたという意識をもってくれたのだと思っています。

会場全体の様子

絵本のお披露目会の様子
一人ひとりに手渡すことができました。

絵本を何度も読み返して、自分が描いた絵を真剣に探している様子が印象的でした。

　金銭による援助とは違い、同じ時間を共有し、共に共感する場面を分け合い、一緒につくりあげていく活動を行うことは非常に大切な機会だと感じました。

(4) 4年ぶりの配属先の訪問

　Escola Secundária de Nkobe（コビ中等教育学校）

　その後、筆者がJICA海外協力隊として活動していた学校への訪問も行なってきました。帰国後も同僚の先生達とはメールでのやり取りは続けていましたが、4年ぶりの再会は本当に嬉しかったです。

　訪問した日は夏期休暇中でしたが、学校で会議がある日であれば先生達がいるということを聞いて、その日に合わせて訪問することにしました。

　首都マプトから車で向かう道中、最初に任地に来た時の不安な気持ちや同僚と行った思い出の場所、2年間生活した任地であるマトラのことなど、懐かしい思い出が溢れるように蘇ってきました。

学校訪問の様子

　学校訪問では、4年ぶりに先生方と再会できたことが本当に嬉しかったです。また、温かい応援の言葉をかけていただいたことも励みとなりました。

JICA 海外協力隊として活動していた時に同僚の先生方や生徒達と一緒に瓶の王冠でつくった学校の看板も残っていました。屋外で雨ざらしの状態ということもあり、多少の劣化は見られましたが、今でも思い出のひとつとして残してくれていました。
　他にも売店のイラストを用いた看板や教室内に掲示した環境ポスターも当時のまま残されていたことに驚きました。日本の学校と違い、雨風や砂埃が舞う教室内に今でも掲示してくれていたことを知り、当時行なってきた活動も意味

瓶の王冠で制作した学校の看板

教科書の副教材

４年ぶりに再会した Escola Secundária de Nkobe の先生方

があったのだと感じることができました。

　教科書の副教材も現在2名の先生が授業で使用しているということを聞き、2年間の活動を振り返るとともに技術移転の効果について再確認することにもつながったように思います。

　今回は日程の関係もあり、長期間の滞在はできませんでしたが、必ずまた会いに行こうと思っています。

7．最後に

　モザンビークへの渡航は4年ぶりとなりましたが、2年間の活動を終え、帰国の際に「必ずモザンビークに戻ってきてね」と同僚から言われた約束を果たすことができました。温かく人を迎え入れてくれる国であることは変わっていませんでした。

　現在JICA海外協力隊として活動を行なっている方々との交流や、今回様々な活動をさせていただいたエル・シャダイコミュニティスクールの先生方、富井さんの協力のおかげで充実した現地での活動につながったと思っています。この場を借りて改めて御礼を申し上げます。

　JICA海外協力隊に参加した経験は私にとって一生忘れることのできない貴重な体験になりました。さらにその経験が現在の研究にも深く関わっています。

　モザンビークは、教育だけではなく、インフラや医療、経済的な問題など、様々な問題が絡み合い、多くの課題が未だ解決されていないのが実状です。しかし、現地調査を通じて強く感じたことは、人との関わりやコミュニティ、コミュニケーション、相手のことを第一に考えて助け合って生活しているということです。誰にでも挨拶をする文化、困っているときは自然な形で手を差し伸べてくれる人間性、たとえ苦しい生活を強いられていたとしても笑顔が絶えず家族を一番に考える国民性。どうしても日本と比較してしまうこともありますが、本当の幸せとは何かということに改めて気づかせてもらった気がします。家族と一緒に過ごす時間を何よりも大切にしているということからも、日本人が忘れかけていることや失ってしまったことを彼らはずっと大切にしているように感じました。

　金銭による援助や、国が抱える問題や課題をすぐに変えていくことは難しい

現地でお世話になった Escola comunitária El'shaddai の先生方

かもしれませんが、相手と同じ目線に立って、共に問題解決に向けて取り組もうとすることから始めてみるのも、私達にできる大切な視点なのではないかと思います。

　今後も様々な視点で研究を続け、モザンビークの美術教育、国際協力の視点から現地に受け入れられ、持続可能に引き継がれるための活動におけるアプローチや技術移転に至る要因についてさらなる分析・考察し、今後の研究につなげていきたいと思っています。そして、自身がより研究を深めることで少しでもモザンビークの人達や国づくりに貢献できたらと思っています。

　これからも様々な形でモザンビークの人達との関わりを大切にしていきたいと思っています。

　※写真はすべて Escola comunitária El'shaddai の校長の許可を得ています。

1）JICA 地球ひろば HP より。「教師海外研修」。
https://www.jica.go.jp/hiroba/program/practice/teacher/index.html （3月7日アクセス）2023。
2）「JICA 海外協力隊の検証と一考察―国際協力から考えるモザンビークの美術教育」日本美術教育研究論集 56 号、日本美術教育連合、2023、pp.169-178。
3）外務省 HP より。外務省：モザンビークという国―日・モザンビーク外交関係樹立 40 周年（mofa.go.jp）。
https://www.mofa.go.jp/mofaj/press/pr/wakaru/topics/vol159/index.html（9月22日アクセス）、2023。
4）モザンビーク データ（worldbank.org）https://data.worldbank.org/country/MZ（9月22日アクセス）、2023。
5）本文の Educação visual はポルトガル語で表記。
6）アートマイル国際協働学習プロジェクト　JAPANARTMILE　http://artmile.jp/activity/iime/https://www.jica.go.jp/aboutoda/whats/cooperation.html（10月1日アクセス）、2022。
7）https://www.gov.br/mre/pt-br/embaixada-maputo/ccbm-centro-cultural-brasil-mocambique
8）オンゾーリズム（onzo.xyz）https://onzo.xyz/
　　※ 東京造形大学大学院　造形研究科　造形教育研究領域　修士論文より本章の5節～7節にかけて一部引用（2024、1月提出予定）。
　　※ 「モザンビークにおける JICA 海外協力隊の検証と一考察―アートワークショップを取り入れた国際協力活動の実践研究―」日本美術教育研究論集 57 号、日本美術教育連合、2024 より一部引用（2024、3月刊行予定）。

あなたが扉を開いて
一歩を踏み出してみたい
向こう側は
どのような世界
でしょうか？

Ⅳ

平和の糸口を探るための
造形美術の可能性

山田 猛
東京造形大学 教授

1．実践報告から

　Ⅰ～Ⅲ章では、JICA 海外協力隊の経験者がその後の活動として選んできた、様々な国際協力における造形美術等の分野に関する実践や、そこで遭遇した様々な成果や課題等について語られてきました。

　現代アートのひとつの手法として、作家がもつ世の中における課題意識を、その作品を通して鑑賞者に体感させることで考えるきっかけをつくり、変化や変容、気づき、繋がり等を生んでいくための場づくりが挙げられます。Ⅰ～Ⅲ章の実践報告から、彼らはそれぞれ大学で美術を学んだ後国際協力の現場に身を投じ、一種の現代アーティストの視点をもって活動しているようにも感じられます。Ⅱ章の神谷氏はそれを、「造形美術の視点をすべてのものの横糸の役割として使う」と表現しています。

　それぞれの国際社会において抱える課題と向き合い、地域の人を巻き込みながら人々に考えさせ、気づかせ、変化や変容を生んでいくために粘り強く試行錯誤を繰り返し探り続ける、一種の現代アーティストのような活動そのものに感銘を受けます。

　美術館にあるような絵や彫刻のような造形物を造ることだけが ART ではあ

りません。本書は国際協力の造形美術にフォーカスしていますが、それは造形的視点で見直してみれば、世の課題解決に向けたムーヴメントを起こしていくことも、ひとつの現代アート的実践とも捉えられます。ここでもう一度、彼らの実践を振り返ってみましょう。

（1）NGO・NPO活動の視点　カンボジア

　Ⅰ章では非政府組織・民間協力としてのNPOに活動の場を移しての取組みについて語られています。

　矢加部氏は、異なる分野との関わりによって、その道一筋では見えてこない視点の重要性について触れています。筆者も同様で、国際協力や他の分野に関わることで、造形美術だけを追求していたのでは見えてこない視点が得られる場合があり、いずれの分野でも他との接点で見えてくるものがあるのではないかと考えられます。

　学芸員として勤務されていた頃に美術館で感じた違和感についても、国際協力へのきっかけになっているようですが、違和感というものの大切さに気がつきます。自分のアンテナが反応した際に、それをやり過ごすのか、深く考えて某かのアクションへと繋げていくのかが、人生にとっても実は重要な場面である可能性が感じられます。日々多忙な毎日を送る現代人ではありますが、誰しも某かの違和感がもたれる場面は、それが重要なターニングポイントにもなるかもしれない可能性があるようです。素通りせずに、深く考えてみたいものです。造形美術を通して分かり合える瞬間があることについて言及が見られますが、まさしく本書を通して探究している貴重な実践報告になります。

　東ティモールでの国際協力の実践において、若者たちの変容から、如何に表現がもつ可能性が大きいかということが分かります。表現し、伝え、受け止め、共感が生まれ、人々の内発的変化へと繋がっていくことが見て取れます。

　早急な成果を求めることで大切な何かを見落としてしまう危惧について語られていますが、残念ながら国際協力の場面でも多くの経済活動と同様に数的データ、もしくは目に見える成果が求められてしまう現状も見られます。時間と労力をかけたインプットの重要性が長い目で見た成果につながる経験

を通して、現在は大学院にて美術に関わる活動の成果を適切に示せていると感じられるような評価方法の探究に取組まれています。研究の成果に期待したいところです。

矢加部氏が関わって来られた「カンボジア王国初等科芸術教育支援事業」活動の一環として、カンボジアの教育省等の職員の方々と共に日本の教育現場や教科書会社等の視察に見えた際には、筆者が当時勤務していた東京学芸大学附属竹早中学校と同小学校にもお運びを頂き、授業見学やその後の会議にて、多くの質問と共に、熱のある議論が交わされたことを記憶しています。

また、コロナ禍において「シンポジウム2021　教育がつなぐ『国際協力× ZOKEI のポテンシャル』[1)]」を東京造形大学・教職課程室主催で開催し、YouTube でライブ配信を行いました。その際に、Ⅰ章の矢加部氏（当時JHP・学校をつくる会プノンペン事務所所長）にカンボジアから、Ⅱ章の神谷氏（当時JICA就学前教育チーフアドバイザー）にエジプトからリモート参加していただき、本書にも紹介されたような現地の活動の様子と共に、造形美術の可能性を語っていただきました。

会場においては、戦場カメラマンとして著名な渡部陽一氏、文化人類学や国際協力分野の実践研究で著名な藤掛洋子氏（横浜国立大学教授）、本学大学院生や教職課程担当3名らを交え、シンポジウムとしての議論が交わされました。

その際に渡部氏から、2003年のイラク戦争開戦の数ヶ月前にイラクの首都バグダッドで世界からアーティストを集めて国際芸術祭が開催され、ARTの力で戦争を回避させる手段としての選択肢を世界に発信するというエネルギーの凄さについてのお話がありました。作品だけではなく、音楽やダンス等アーティストたちのパフォーマンスが街中で行われ、ARTで繋げていく中の気づき、創造力が、戦争というものの温度を下げることができるというアクションをカメラマンとして現場で目の当たりにしたというリアリティあるお話でした。現実的には開戦になってしまったけれど、アーティストたちのメッセージやエネルギーのうねりが世界に発信され、戦いを回避する選択肢としての大きな可能性を現場で感じた[2)]とのお話が印象的でした。

（2）JICA技術協力プロジェクト専門家の視点　エジプト

　Ⅱ章では、民間協力ではなく政府開発援助（ODA：Official Development Assistance）を一元的に行う実施機関として独立行政法人国際協力機構（JICA：Japan International Cooperation Agency）のチーフアドバイザーとしての取組みについて語られています。

　この仕事は、技術協力プロジェクトで、専門家チームを統括する専門家で、プロジェクトの日本側代表者として、チームのマネジメントや対外折衝等を行う高い能力が求められ、マネジメントのみならず、相手国カウンターパート（C/P）に対し特定の課題・分野に関する助言・指導を行う等のことが、JICAホームページにも見られます[3]。

　「繋ぐ、垣根を取っ払う。意識することで平和な世界に一歩近づくのかもしれない」との神谷氏の言葉が扉に見られます。本文にも「造形美術の視点をすべてのものの横糸の役割として使おう！」という視点での30年以上にわたる活動は、まさに真の現代アーティストであると筆者は感じています。

　2020年にコロナ禍による一時帰国となったJICA海外協力隊員の有志と共に、幼児教育の活動アイデア集「Create Your Joy」を作成するにあたり、神谷氏より依頼を受けて、筆者や東京造形大学山田ゼミ生有志も微力ながら参加させていただきました。何度もリモート会議を重ね完成した題材集は、神谷氏や現地スタッフの多大な努力により印刷配布され、インターネット上からも著作権フリーで配信され、活用方法の動画も含め無料でダウンロードできるようになっています。

　2023年にエジプトに伺い、神谷氏やCreate Your Joy制作の中心として活躍したJICA海外協力隊員の橋本さんらの活動現場も拝見させていただき、子ども達が目を輝かせながらそれを使って生き生きと活動する様子に触れ、心打たれました。様々な場面で、多くの困難を乗り越えながら、人を繋いで活動を広げていく姿に、国際協力をも越えて人間同士として繋がっていこうとするエネルギーを感じました。

　国際協力の幼児教育活動現場に伺った際に前後して、JICA海外協力隊、日本人学校の先生や生徒たち、JICA職員や日本大使館職員、駐留等在エジプトの方々らがひとつのチームになって繰り広げられた人形劇や手品、歌や音楽、

コント等の楽しいイベントを見せてもらいました。目を輝かせてそれを見つめる子ども達の盛り上がりを見るにつけ、まだ日本ではマスクをしながらなるべく会話をしないように強いられる状況下から行ったこともあってか、その熱気に心が熱くなりました。

まさに神谷氏が仕掛けるARTとしての場づくり、人を繋げていく力、変容や気づきを生み、それらART活動が異文化を越えて国際社会に貢献できることを目の当たりにして心打たれた次第です。この活動は、神谷氏のJICAエジプト就学前教育・保育の質技術協力プロジェクトチーフアドバイザーという立場を越えた、まさに造形美術の視点をすべてのものの横糸の役割として使おうという現代アーティストとしての熱を感じました。この熱が、関係者やそれを見た子ども達に様々な形で引き継がれ発展していくよう願います。

神谷氏が触れていたように、一緒に食事を作り食べることで人は見えない壁を乗り越えやすくなるのは、人類として文化的存在となっていった根源を共有できるからでしょうか。火の周りに集い、危険な動物から身を守り、その火を使って調理された料理を仲間と共に楽しみ、安全に美味しく食する。そのようにして野生動物とは違う文化的存在としての道を歩んできた人類は、あらゆる文脈を越えて根源的なところを共有することが大切なのではないでしょうか。

（3）実践研究としての視点　モザンビーク

Ⅲ章の石田氏は、教員経験を経て教師海外研修がきっかけとなりJICA海外協力隊に参加し、さらに帰国後も教育現場で、多くの国際協力や国際理解への取組みをしつつ、現在は東京造形大学大学院にて実践研究を深めています。

石田氏の実践報告から見えてくることは、決断と一歩を踏み出す実行の重要性ではないでしょうか。人は人生の様々な岐路で決断をしながら自分が選び取った道を歩みながら今日に至っています。これは石田氏に限らず、Ⅰ章の矢加部氏やⅡ章の神谷氏らも同様に、人生の岐路で悩みながら決断をし、新たな道へ踏み出す勇気をもってきているというところは共通しているように思われます。

人は、今日を生き延びるための捕食生活を繰り返す野生動物とは違って、安定した暮らしを求めることで文化を築き上げてきた進化の流れがあります。そ

れにより、守りに入りがちな傾向をもつ点は進化の過程でDNAに組み込まれているものかと思われます。その一方で、まだ見ぬ世界への憧れや冒険を求めるDNAも存在し、人類の歴史はそのような冒険者たちによって切り拓かれてきた流れも歴史が証明しているところです。この安定と冒険の振り子が、人の心の中でいつも揺れて動いている中で、何かを捨てなければ何かを得られない、といったところに人は悩み、迷うものかと思われます。

　石田氏のモザンビーク等での活動や研究には、敢えて教職を辞し大きな決断をして実践研究の道を進む意気込みが感じられ、相手の立場に立ち、現地の人々を巻き込みながら共に問題解決を探っていく方法で進められています。現在は芸術的思考による国際協力活動の可能性について実践研究を進めている段階ではありますが、これはⅡ章の神谷氏の、「造形美術の視点をすべてのものの横糸の役割として」とも通ずるところがあるようにも思われます。引き続き、研究と実践のさらなる広がりや深まりを期待したいところです。

　また、Ⅲ章でも触れられていますが、国際的な視点での造形活動や異文化間交流を目指す筆者のゼミ生にとっても、Ⅱ章の神谷氏やⅢ章の石田氏らの国際的な実践者や現地の国際協力関係者や子ども達と繋がることで、非常に大きな学びが得られています。今後、バトンを引き継いでくれる人材育成にも期待したいところです。

2．国際教育協力について

　Ⅰ～Ⅲ章では、国際協力のJICA海外協力隊経験者によるそれぞれのその後の活動による、体験を通した報告が語られてきました。Ⅲ章までの実体験に基づいた活動報告とは異なり、本章は学術的な視点も交えながら、国際協力や造形美術の、平和に繋がる糸口やその可能性を探究していくことになります。実践報告とは違い、少々堅苦しくなってしまう点があろうかと思いますが、Ⅲ章までに語られたような実践や、国際協力関係の半世紀以上に及ぶ実践や知見から、日常生活の延長として、また自分事として捉えられるような接点を見い出していきたいところです。

　大切な人や仲間、家族と過ごす何気ない日々が宝物であるような当たり前の日常が何処でも見られる世界が具現化されるために、多様な視点から掘り下げ

ていきながら、造形美術が異文化への扉を創り、それが開かれ、風が通る世界への具現化に向けて、某かの変容が生まれる可能性を探ります。

さて、ここでは改めて国際協力について、基本的なところを押さえておきたいと思います。世界の約3/4以上の国々は開発途上国と呼ばれている国々で、その多くが貧困や医療、紛争、教育等多種多様な課題を抱えています。地球全体の平和や発展のために、各国が支援を行うことが国際協力になります。国際協力といえば国連を思い浮かべる方も多いかと思われますが、そのような国際組織以外にも各国の政府が行うODAと、民間によるNPOやNGOがあります。

日本の場合は、国際協力を仕事にする前に、国民参加型のボランティア活動としてJICA海外協力隊がありますが、ボランティアといっても派遣にまつわる諸費用はODAとして政府が負担しています。この中の造形美術関連の活動については、前著「ART×国際協力─世界中に風を通す扉を─」で6名の経験者からの報告を参照して下さい。因みに、国際協力の造形美術にフォーカスすると、それに関連するJICA海外協力隊の職種は、派遣実践として以下のような職種が見られます[4]。少子化等の要因もあり人材募集に苦慮している傾向が見られますが、もっと広く認知されることで、参加者も増える可能性があるのではないでしょうか。

・人的資源分野
　青少年活動　視聴覚教育　小学校教育　幼児教育　図学　美術　学芸員
　デザイン　文化財保護　写真　美容師　編集　手工芸　服飾　紳士服
　生花　編物
・鉱工業分野
　金属加工　板金　溶接　塗装　繊維　竹工芸　木工
　陶磁器　皮革工芸　貴金属装身具製作　印刷・製本

日本の義務教育における図工・美術教育等は、青少年活動もしくは美術の職種で、募集が見られるケースが多くなっています。次項では、国際協力の様々な分野の中の教育分野にフォーカスします。

（1）国際教育協力の流れ

　ここまで国際協力の造形美術分野にフォーカスした実践報告を中心に展開してきましたが、ここで国際教育協力全般の流れについて前著「ART×国際協力―世界中に風を通す扉を―」で触れた内容を簡単にレヴューしておきましょう。それは、美術館・博物館の社会教育施設としての位置づけからも分かるように、造形美術が社会教育と密な関係にあり、国際社会における異文化間においても、それをツールにした社会教育的な広がりが期待されているからです。本書は、造形美術が人類としての本質的理解に繋がるための扉となり得る可能性を探究しています。

　国際社会が国際協力に動き始めたのは、プロローグで触れた通り第二次世界大戦後になりますが、教育に関して当初は開発という理念に基づいて、各専門分野を担うリーダー的人材育成を目指した大学教育や各分野の専門教育がほとんどでした。今日のSDGsに見られるような、基礎教育が重要視されるのは20世紀終盤になってからのことです[5]。

　各国・地域における基礎教育は、それぞれの文化的背景や、宗教、歴史、政治的な様々な文脈において独自の長い年月の流れの中で醸成されてくるものです。そこには、国民の基本的人権としての教育の面と、各国の方針に基づくナショナリズム等を背景に目指される国民教育の役割も併せもっており、相反する両面があります。

　そのため教育は時代と共に変遷し、文化伝統の引継ぎと共に、その伝統を見直し、絶え間なく変化する国際社会に対応する社会変革を目指すための機能も併せもっています。各国における教育は、時代や国際社会における情勢の影響を受けつつ、常にこの間を振り子のように揺れ動く状態でそのあり方の模索が続けられていきます。

　そのため、特に基礎教育に関しては介入すべきではないという姿勢が、国際社会における暗黙の了解のようなものが見られた時代がありました。そのため踏み込むべきではないある種の聖域として、20世紀後半まで教育協力が入り込まないような流れが続いてきました。日本でも、戦前戦中に見られたようなアジア諸国における日本式教育の強要への反省もあり、戦後は国際社会と歩調を合わせる同様の流れが見られます。

しかしその一方で、第二次世界大戦後の東西冷戦構造を受けて、国際協力の形をとりながらも、それぞれの陣営の影響力が意図された協力のあり方がとられる面もありました。キューバ革命を受けて、第二の共産体制国家誕生を阻むために、反共を旗印にした中南米諸国への国際協力がアメリカ合衆国によって行われ、それが中南米諸国のいくつかの国において 80 年代までの軍事独裁政権を支える要因にも繋がったと言われています。それは冷戦構造の反対陣営としてのソ連側の国際協力においても同様です。

しかしながら 1990 年、それまでの東西冷戦構造に大きな変化が生じます。それ以降、国際社会はテロの脅威を抱えた状況が見られるようになり、2001 年、ニューヨークで起きた 9・11 は、国際社会にあまりにも大きなインパクトを与え、これが引き金となり"貧困はテロの温床"という点が注目されるようになっていきました。そして、いずれの国であっても国民の基本的ニーズを満たすことが、国際社会にとっても必要不可欠であるという共通認識に至って今日に及んでいます。

上記のように、国際社会構造が大きく変化した 1990 年に"万人のための教育世界会議：Education For All（以下 EFA）[6]"が開催され、初等教育完全普及等が地球規模で目指されます。それ以降、基礎教育を重要視する流れが続いていますが、この EFA は、UNESCO、UNICEF、国連開発計画（UNDEP）、世界銀行の 4 つの代表的な国際機関が協同開催したもので、その後の途上国での教育開発や社会開発全般、ひいては国際協力そのものに関して大きな影響力を国際社会に与えていきました。

EFA において 10 年後の目標達成が掲げられましたが、その達成が期待された 2000 年開催の"世界教育フォーラム：World Education Forum[7]（以下 WEF）"において、EFA の初等教育完全普及等の目標達成からは、国際社会の現状がほど遠いことが確認されます。

そこで EFA の未達成目標は、2015 年までの達成を目指した"ミレニアム開発目標：Millennium Development Goals[8]（以下 MDGs）"に組み込まれました。その実現のため、国際社会では 1990 年以降様々な取組みがなされてきましたが、MDGs は達成目標年である 2015 年を経ても、ある一定の成果は確認できているものの、実現可能として設定されたその初等教育完全修了や教育の質の

改善等について目標未達成の国や地域も見られました[9]。

　EFA以降、それまでの経済中心のための教育から人間開発中心へと教育協力のあり方を根本から見直し、教育の質も重要なテーマとして国際社会が連携する形で初等教育完全普及等を目指して様々な取組みがなされてきました。EFAやMDGsの目標は、2030年達成を目指した持続可能な開発目標：Sustainable Development Goals）（以下SDGs）[10]の17のGoal4に引き継がれています。ここで、その目標とターゲットを確認してみましょう。

　Goal4　すべての人々に包摂的かつ公平で質の高い教育を提供し、生涯学習の機会を促進する[11]。

ここでは、男女の区別なく、以下の2030年までの達成が目指されています。
・無償かつ公正で質の高い初等教育及び中等教育の修了
・質の高い乳幼児の発達支援、ケア及び就学前教育
・手頃な価格で質の高い技術教育、職業教育及び大学を含む高等教育への平等なアクセス
・技術的・職業的スキルを備えた若者と成人の割合の大幅増加
・格差無くあらゆるレベルの教育や職業訓練への平等なアクセス
・読み書き能力及び基本的計算能力の獲得
・教育及び持続可能なライフスタイル、人権、男女の平等、平和及び非暴力的文化の推進、グローバル・シチズンシップ、文化多様性と文化の持続可能な開発への貢献の理解の教育を通して、必要な知識及び技能を習得

　そのGoal4について、2015年の成定から7年後の進展状況を、国際連合広報センターの「持続可能な開発目標（SDGs）報告2022[12]」を確認してみましょう。
・コロナ禍により世界的に学習の危機が深刻化
・1億4700万人の子どもが対面指導の半分以上を受けられず（2020–2021年）
・教育における根深い不平等がコロナ禍にますます悪化

Ⅳ　平和の糸口を探るための造形美術の可能性

- 2400万人の学習者（就学前から大学レベルまで）が復学できない可能性あり
- 危機下の子どもにとって教育は命綱
- 戦争の混乱にさなかにあるウクライナの子ども300万人に遠隔学習を提供（2022年4月）
- 学校の再開に伴い、多く国が学校インフラを整備しつつも世界全体の小学校（2019–2020年）電気、飲料水、基本的な衛生施設の25％で不足
- パソコン、インターネットアクセス可能な小学校は、50％どまり

等の報告が見られます。

図1　国際連合広報センター「持続可能な開発目標（SDGs）報告2022」より
https://www.unic.or.jp/activities/economic_social_development/sustainable_development/2030agenda/sdgs_report/　2022.12.8．アクセス

国際社会が EFA の取組みに四半世紀以上かけてきたにも関わらず、その目標達成に厳しい世界の状況が覗えます。コロナ禍の影響もさることながら、その目標が達成できないのは何故でしょうか。この点について、造形美術にフォーカスする視点から一考察を展開します。

（2）国際教育協力における課題

　国際協力における EFA が未だ達成できないでいる現状については、開発学会や国際協力機関等で様々な議論がなされているため、ここで改めの総括はページの関係上割愛させていただきます。その一方で、本章では造形的視点に立って論の展開をしていく立ち位置から、あまり世界で注目されていない点にフォーカスして考察し、閉塞感の漂う国際社会に某かの風穴をあけるヒントを探るあり方を目的とします。

　第二次世界大戦後に始まった国際協力や教育協力は、時代と共にその理論や方法論は変遷を続けてきた経緯が見られます。しかしその根底には、欧米をゴールと仮定した経済発展を目指す近代化論があったとされる点を指摘する学説も少なからず見られる点は拙論で明らかにしてきた通りです[13]。

　各国における基礎教育や国際教育協力において、まずはその基本となる読み・書き・そろばんが優先される点は明白です。しかしその一方で、言語に関しては多くの地域において生活レベルで現地語が話されており、それが国の定める言語と一致している訳ではありません。

　例えばボリビアは、人口の過半数が 36 の先住民族であり、スペイン語以外に 33 の先住民族系言語が存在し、さらにそれらの混血化による言語や文化の多様性への対応が必要とされます。教育協力や政府による EFA 実現に向けての取組みや教育改革等も、同じ南米大陸の隣国であるパラグアイのように中央から組織的かつ一様な方法では通用しない難しさを抱えています。隣国に位置する大平原のパラグアイとは違い、ボリビアは国土そのものが山岳地域である環境から、それぞれの独自性の地理的要因と共にヴァナキュラー文化[14]が存在し、先住民族の多様性が見られます。しかし、国の言語をスペイン語とし教育省としてはその識字率 100％達成が目指される過程で、それぞれの先住民族系言語や独自の文化は、SDGs の達成率上昇と共に、その存続の危機を抱える

側面があります。これはボリビアに限った話ではなく、多くの民族や言語を抱える国にあっては、多様性への対応に困難を抱える状況が浮かび上がってきます[15]。

幾星霜の人々の営みから育まれてきた民族文化やヴァナキュラー文化が失われつつあり、もしくは既に失われ、祖父母と孫が同じ言語で語り合えない状況が進んでいる点は、少なくとも日本ではあまり認知されているとは言えません。これは識字率の統計を報告を求めている国連のような国際協力機関においても、配慮されているとは言えない状況が見られます。そのため、ボリビアでは地域によって、学校教育が顧みない民族の言語を教える目的で、独自の学校をつくる動きも見られるようです。

SDGsの具現化とその数値目標達成が、国際機関より各国政府や各国国際協力機関に求められますが、地域文化やヴァナキュラー文化の中にある人々の求めるところと、国家や政府が求めるところが必ずしも一致しているとは限らない状況が、世界の至る所で散見されます。SDGsは「誰一人残さない」と明言していますが、果たして世界の状況は本当にそれが目指されているのか？　という点についても掘り下げて考察を試みる必要があるようです。

国際教育協力の目標が未達成にある状況の様々な要因が指摘されているところですが、上記のような点によって浮かび上がってくる知見が、国際教育協力に留まらず、今後の国際社会や我々人類の未来に向けて、武力を行使しない文化的に成熟した国際社会を目指すために、重要な示唆が得られる可能性を秘めているとも考えられます。

EFAが達成できない要因のひとつとして上記のような課題があり、読み書き・そろばんと多様性受容への課題との間で振り子が揺れていることが分かります。SDGsの達成推進がグローバルに謳われているなかで、国際協力をより円滑に促進する為の一考察として、世界のその動きから配慮すべきヒト・モノ・コトが抜け落ちていないかという視点は、常にもっておく必要があるようです。

また、コロナに禍によるEFAの大きな後退から、ポストコロナの社会構築や、分断からの関係の再構築へのデザインも、今後の大きな課題となっています。科学は進歩し続けるであろう、という楽観的である種の神話的な考え方

も 20 世紀のある時期までは見られました。しかしその科学の進歩が、地球や生命にとっての危機を生み、持続可能な開発目標：SDGs という共通認識を生む大きな要因に繋がってきた側面は、改めて考えてみる必要があります。日本に置き換えて考えてみれば、明治の急速な近代化以前の江戸時代までは、持続可能な取組みは日常で行われてきていたものであり、世界においても産業革命以前は類似の状況であったはずです。国際協力は、近代化以降の人類の知見を途上国に伝えていく方向性がその根幹に見られますが、むしろ今日においては、そこから人類が忘れ去ってきた大切な何かを学ぶ姿勢が求められるところが重要になると考えられます。

（3）日本の ODA 教育協力・美術教育関係の成果に繋がる諸要因

　ここで、日本の ODA 教育協力・美術教育関係の成果に繋がる諸要因に関して、拙論でこれまでに明らかにされた点について、詳細な繰り返しを避けつつ簡単にレヴューさせてもらいます。JICA の技術協力分野において美術教育関係に関しては、専門家派遣ではなく JICA 海外協力隊を中心に取り組んできた経緯が見られます。国際協力の技術協力分野においては、派遣先のカウンターパートに専門のノウハウを自助努力でできるように伝えることは、技術移転と呼ばれます。しかし、JICA 海外協力隊がいる間だけ協力効果が上がり、それが代々繋がっても最終的に技術移転ができない状況を、「ノコギリ型の協力効果」としてその課題が続いてきた経緯も散見されました。美術教育関係に関する活動の分析から、技術移転の為に以下のような知見が得られています[16]。

- Respect：先進国の知見を途上国に伝えようとする「上から目線」では受け入れてはもらいにくく、カウンターパートや派遣先関係者、地域の人々に対する敬意が何より重要となる。
- Take & Give：技術移転として自分の専門分野のノウハウを一方的に伝えるのではなく、共に暮らす地域住民としてその文化を受け止めるところから始め、関係性や信頼関係が十分にできあがった上で伝えたいノウハウを提案していく。Give & Take ではなく、まず相手やその文化を Take するところからスタートする心の眼差しからの関係構築の重要性。
- Simplicity：美術教育関係では JICA 海外協力隊が時間と労力を使って準備

をした素晴らしい授業を展開し、子ども達は喜ぶけれどもカウンターパートからは「多忙な自分たちにはとても真似できない。」といった反応が報告されている。活動実践者の達成感や自己満足で終わることなく、現地の教員に美術教育の技術移転をしていくためには、シンプルにできる実践が求められる。
- 持続可能性の探究：上記にも類するが、限られた派遣年数で成果を求めるあまりイベント的で専門的な取組みがなされ、それによる効果が上がることも見られるが、「自分だからこそできる」ではなく「誰でもできる」を目指し、現地で入手可能な材料や道具で準備も方法も日常の教育活動の中での持続可能性を探る。
- 黒子に徹する：国際協力活動にあたる者は、派遣先の人々や子ども達の笑顔にやりがいを感じる一方、そこに自己満足的な思いが生じる場合があり、逆にカウンターパートや派遣先の教員との関係が悪くなる事例も見られる。技術移転の為には、自分が黒子として徹し、カウンターパートに花をもたせる形で協力活動をする方法が望ましい。
- 職務外活動：報告書の分析で、技術移転と職務外活動の親和性が確認された。派遣先の職務やそこの限られた人間関係に留まらず、職務外に現地の人々と off time の活動を共にし、派遣先以外でも良好な人間関係を構築する活動が、プラスのスパイラルを生むことにも繋がる。
- 多様性受容の為の心の柔軟性：活動中に遭遇する多様性を受け入れ、価値観や自分自身が変化できる心の柔らかさが求められる。ピアジェの「認知的発達理論」でいうところの「調節：accommodation」[17] が求められることから Change in yourself ができるかどうかが鍵となる。

国際協力・美術教育に関する知見としてはシンプルに捉えれば
- Respect
- Take & Give
- Simplicity
- Change in yourself

という4点が浮かび上がってきます。

多様性の中の相互理解の前提として、世界は多様な価値観の上に成立しており、個も価値観の違いの上で揺れ動きながら生きている、という矛盾を抱えています。この世界はその矛盾だらけの上に成立しており、矛盾を前提とするような「アソビの存在」としての共通認識が求められるのではないでしょうか。つまり、一致団結は望めないところから相互にアソビの存在として、世で言われる「納得のいく不一致点」を探り合う前提を世界共通につくることが求められます。

　言語化できない様々な文化的背景による感覚や、国や民族、宗教等の文脈を越えて、矛盾を前提とするようなアソビの存在として「納得のいく不一致点」を探り合う手段として、ART や造形美術が秘める可能性は大きいことが考えられます。元来、ART は遊び心をエンジンとして発生してきている一面があります。そこには、人間同士としての本質的理解へと繋がる大きな可能性が秘められているに違いありません。

　また「シンプルさ」に関して、これは国際協力の造形美術教育に限ったことではなく、造形的視点で考察してみると、「スイミー」等の絵本作家で著名なレオ・レオニーに、以下のような言葉が見られます。

　「大切なことはシンプルなことなんだよ。複雑なことを難しく伝えるのではなく、シンプルにわかりやすく伝えるということが大切なことなんだよ。[18]」

　そのレオ・レオニーに影響を受けた「はらぺこあおむし」の作者エリック・カール[19] にしても、シンプルに伝えることで、幾世代にもわたって世界的に受け継がれていっています。

　これら絵本に限らず、日本のアニメや漫画が世界的に受け入れられていることからも、用意された原稿を読むだけの近年の日本の政治家の発言よりも、国際社会へ与える影響力はよほど大きいのではないでしょうか。

　国際協力に限らず、異文化間理解や多様性の受容、また人類の本質的理解において、人類に通底するところを、造形的にシンプルに伝える方法による効果の大きさや、それらを庶民レベルで地道に世界に広げていくことの重要性が見

えてきます。

　単純化された国家間の構図ではなく、草の根レベルの世界市民同士で繋がる場を生み、そこで多様性の中にある相互の納得のいく不一致点を模索する場作り、参加者に変容を生む現代アートの視点の有効性に気づかされます。

（4）日本のODA教育協力・美術教育関係の課題

　拙論で明らかにした日本のODA教育協力・美術教育に関して、国際協力に欠けている視点として、前述のような近代欧州の科学的な視点による価値観が、途上国のローカルな現場では当てはまらないケースも浮かび上がってきますが、特に美術教育関係の課題の中の主立った事柄として以下の点が見られます[20]。

- ・教員にとっての不十分な教育労働環境
- ・教材・用具・施設等の不足
- ・教員の多忙
- ・立場の違いによる意識の格差
- ・カウンターパートとの関係構築の難しさ
- ・JICA海外協力隊員のボランティアとしての立場の曖昧さ
- ・現地の教員等の慣例への固執・変化の不受容
- ・国際協力慣れによる他力本願的な自助努力の不足
- ・造形美術授業に対する意識の低さ
- ・ボランティア自身の経験不足

　マクロの視点とミクロの視点の往還で、某かの糸口が見えてくることもあります。国際協力の造形美術分野を切り口に平和構築に向けての某かの糸口を探るために、ここで上記の項目の中で「立場の違いによる意識の格差」にフォーカスしてみましょう。

　国際社会レベルでは現在のSDGsやEFAのような国際社会におけるグローバルな潮流があります。その流れを受けて国家レベルで様々な取組みがなされ、日本のODAを担当するJICAも、国家間レベルで派遣の依頼を受ける形で、JICA海外協力隊を募集・選考・訓練後に派遣するシステムになっており、地

域の学校のような配属先に派遣されることとなります。

　そこでは、国家や政府間レベルから、配属先の同僚の教員やカウンターパートまで、教育省や地域の教育委員会、校長等様々な立場の違いによる意識の格差があります。国家や中央政府レベルが求めているものと、地域の教育委員会、学校現場、学校長、教員、保護者や家族、児童生徒、地域社会等々、各々の立場の望むモノ・コト・ヒトに大きな隔たりがある場合もあり、前述のボリビアにおける言語の問題ひとつとっても、様々な意識の違いの板挟みになってしまう状況も起こりうることになります。そこは、直接現場と関わる NGO と JICA の違いとも言えるでしょう。

　JICA 海外協力隊員の報告書の記述に、以下のような記述が見られます。

　「校長の出した要請と教職員の間には認識の相違があり、教職員のニーズは専任の美術教師を雇い、不慣れな美術の授業を一任することであると思われる。[21]」

　ここには、校長と教員間でのその意識の差が見られます。もしくは、この場合は単に美術の授業を担当してくれる無料の代用教員が欲しかった事例であった可能性も考えられますが、その場合は「国際協力慣れによる他力本願的な自助努力の不足」が浮かび上がってきます。いずれにしても国際協力現場では、多くの課題と向き合いながら活動していることが分かります。

　つまり、中央政府の方針と、多様性を抱えた地方行政や学校、地域住民の目指される方向性の違う場合が国際協力現場から報告されており、誰のための国際協力なのか？　という対象や、識字率や就学率等のグローバルな数値では計れない重要な要素が見落とされてしまうケースもあり得るということが分かります。Ⅰ章においても類似の指摘が見られます。

　JICA 海外協力隊は、現地の人々と生活を共にしながら国際協力活動を実践する方法から、文化人類学のようなフィールドワークを通したエスノグラフィック的な活動にも通ずる視点をもつことにもなります。彼らの活動のうち、国際協力効果を上げたとされる報告からも、草の根レベルの交流をし、信頼関係を構築した実践が実を結んでいる点は、これまでも明らかにされてきたところです。

これら国際協力における造形美術分野を切り口に、平和への糸口を探る点から考察してみると、草の根レベルでの国際協力活動であるからこそ見えてくるものがあります。国家間での契約による派遣でありながら、その派遣国の中には立場の違いによる意識の格差があり、国家と、国民である庶民としての思いや願いが一致している訳ではなく、その中のグラデーションや多様性があることが見てとれます。

　ともすれば我々は、報道やネット等から情報を得る際に、例えばロシアのウクライナ侵攻にあたり、ロシア人、ウクライナ人といった単純化した構図で捉えてしまう危険性を孕んでいます。立場の違いによる意識の格差がある点を忘れがちになることで、単純化の思考が分断を生む危険性を孕む可能性を認識しておくべきではないでしょうか。政府や国家指導者と国民である庶民レベルの思いが、必ずしも一致している訳ではない点や、その裏返しとして政府や国家の見解が、必ずしも国民の声を反映している訳ではない点を、常に前提として受け止める必要性があります。

　世界の構図を単純化して見ることの危険性は、これまでの人類の歴史を見れば明らかでしょう。ホロコーストや関東大震災の際の在日外国人虐殺等、歴史上多くの、人類として二度と繰り返してはならない負の歴史から学ぶべきところです。昨今、日本政府が、その歴史的事実が無かったかのような方向に向かおうとしているように映り、戦後の深い反省からスタートしながら国際社会に理解を求めていった時期と大きく変わってきている点が危惧されます。

　今、世界は我々庶民としての世界市民で構成されているという視点を地球規模で再認識する必要があります。世界市民同士の草の根レベルの交流から、それを世界共通言語であるARTを通して、シンプルに伝え合う活動が求められます。本論ではそのARTの一分野である造形美術をツールとしての有効性を探究しています。

　そこから見えてくる知見や世界市民としての日常生活や課題に耳を傾けてみることが、国家指導者レベルでは見えにくい、大切な人類としての本質的な願いや思いの共有や共感に繋がる可能性があります。世界市民としてボトムアップ的に世界の捉え方を変えていく視点、そこにおける共通言語がARTであれ

ば、ダイレクトに心に届き、相互理解に有効性をもち得ています。

　筆者も中学校での勤務当時は、日本の生徒達の作品とブータンやエチオピア等 JICA 海外協力隊の派遣先の、子ども達との作品交流を通して、相互の日常生活や文化を伝え合う取組みをしてきました。子ども同士の作品交流がもたらす異文化理解には、人間同士としての本質的な理解に繋がる可能性を感じます。現在の勤務先である東京造形大学のゼミにおいても、エジプトやモザンビーク等での国際協力と連携をとりつつ、造形活動を通した文化交流を進めているところです。Ⅱ章の石田氏の研究とゼミ生との協働する形で、JICA 海外協力隊の派遣先のモザンビークの子ども達と、現地の民話を子ども達が原画を描き、本学ゼミ生が編集制作した絵本づくり等、草の根の交流を続けているところです。

　以上は、造形美術教関連の JICA 海外協力隊の活動にフォーカスした取組みになります。

　その他に、日本の ODA を担う JICA による造形美術関連の大規模プロジェクト例としては、大エジプト博物館（Grand Egyptian Museum：以下 GEM）開館支援合同保存修復プロジェクト[22]のような、GEM 建設事業への円借款が挙げられます。またそれに関連して、遺物の調査・移送・保存修復にかかる GEM の付属施設としての保存修復センター（Conservation Center：以下 GEM-CC）建設や、GEM-CC 職員の自立的文化財保存修復作業能力強化等への協力がなされています。

（5）開発協力大綱

　本書が、国際協力を切り口にしているところから、日本の政府開発援助：ODA についても触れておきましょう。2023 年 6 月に ODA の基本方針となる開発協力大綱[23]が閣議決定されました。かつては「ODA（政府開発援助）大綱」と呼ばれていたものが、2015 年に名称変更となってから 8 年ぶりの改定となります。

　その基本的な考え方の第 1 として、「複合的危機」に触れています。大綱策定の趣旨・背景の冒頭に、「国際社会は歴史的な転換期にあり、複合的危機に

直面している。」と捉え、その内容として以下が示されています。

・気候変動、感染症を始めとする地球規模課題の深刻化
・多くの開発途上国における経済成長の減速と国内外の経済格差
・パワーバランスの変化と地政学的競争の激化
・武力の行使による一方的な現状変更を加える行動が、自由で開かれた国際秩序及び多国間主義への重大な挑戦へ
・国際社会の分断リスクの深刻化

その上で、
「自由で開かれた秩序の下で、平和で安定し、繁栄した国際社会を構築していくことは、我が国の国益に直結している。」
とし、複合的危機下の開発協力について、以下のように人間の安全保障の理念を重要視しています。
「SDGsや気候変動に関するパリ協定といった国際的な協力による開発課題の進展への期待が動揺している今こそ、我が国は、平和国家、そして責任ある主要国として、『人間の安全保障』の理念に基づき、こうした国際的な協力を牽引すべき立場にある。国際関係において対立と協力の様相が複雑に絡み合う中、我が国の外交的取組の中でも開発協力が果たす役割は格別の重要性を有している。」

基本的な考え方の第2として、「人間の安全保障」が挙げられます。これは冷戦時代には、国家の安全保障だけが注目されてきたことに対して、国連開発計画発行の「1994年 人間開発報告書」で提起されたものになります。

田中は、人が個人として恐怖や欠乏から免れ、自らの尊厳をもって生きていけるという状態の人間の安全保障が、様々な脅威にさらされている源泉を以下の3つのシステムに由来すると指摘しています[24]。

ⅰ 社会システム：戦争、テロ、殺人、迫害差別等、人が人にもたらす脅威
ⅱ 生命システム：細菌、新型コロナウィルス等生物・生態系がもたらす脅威
ⅲ 物理システム：地震、津波、台風、集中豪雨、干ばつ、熱波等物理現象

がもたらす脅威
　さらに、これら脅威への対処法として
・脅威そのものを無くす、減少させる：気候変動対策としての温室効果ガス削減等
・脅威の発現から人々を守る努力：救援活動、感染症拡大時の医療活動、ワクチン供給、緊急人道支援等
・社会や制度の強靱化：防災への投資（創造的復興）、生産性の高い農業、医療体制の充実、健全なマクロ経済政策と社会保障の仕組み、教育水準の向上、平和的政権交代の仕組みを含む良いガバナンス、人と人との絆に基づく社会関係資本等

を例として挙げ、「包括性」「持続可能性」「強靱性」をもたらすような成長が求められていると指摘しています。

　さらに、今回の大綱の特徴的な点として、これまでの対話と協働に基づく自助努力支援から、より対等なパートナーとして解決策を共に作り出す「共創」と「連帯」が強調されている点について触れ、

　「開発協力が日本にとっても国益にかなう。人間の保障を考えれば、当然導き出される帰結」

との見解を寄せています[25]。

3．協力における課題からの考察

（1）畏敬の念への理解

　国際教育協力が、目標とされる成果に繋がりにくい様々な要因が、学会や国際協力機関等でも議論されています。それらの中で、日本の国際協力の美術教育において、浮かび上がってきた要因のひとつとして、「畏敬の念」の理解への不足があります。

　この点に関しては、これまでの拙論や書籍で触れてきたため、ここでは詳細を繰り返すことは避けますが、この「畏敬の念」に関しては、国際協力のドナー側には意識されにくい傾向があり、国際協力の研究からも言及がほとんど見られないため、その点について、前著「ART×国際協力―世界中に風を通す扉を―」において、国際協力のドナー側の畏敬の念の理解への不足について

触れました[26]。

　ここでは、それをさらに掘り下げて様々な分野の学術的な論と照らし合わせながら、考察していきたいと思います。今日地球規模で進められているSDGs等の国際的取組みは、国連関連機関が主導しつつ世界規模で各国にその実現と数値化を求め、世界ランキング付けされています。各国政府や国際協力関係諸機関は、達成を目指すための施策が国際的に求められている状況にあります。国際教育協力全般に、欧米をゴールと仮定した経済発展を目指す近代化論がその根底にあったとされる課題は前述の通りですが、現在でも国際機関においてそのような価値観がベースに置かれる傾向が続いている状況は否定できません。

　一方、日本では古来より「森羅万象」という言葉に、人智を越えた見えない存在を信じ、八百万の神に敬意を表しつつ、畏敬の念をもって自然と接してきた文化がその根底には流れています。「畏れの文化」として、明治以降欧米の文化を取り入れながら経済発展を果たしてきた中においても、この精神は日本人の根底に流れ続けているものがあったと言えるでしょう。ある種、無信教であることを自覚しながら、初詣に神社に参拝し願をかけるのは多くの日本人に見られる傾向です。同様の事が多くの発展途上国の地域や民族においても散見されます。

　しかしながら、唯一絶対神の一神教による宗教観をベースにする文化においては、全能の唯一絶対神以外である八百万の神は受け入れられない、もしくはアニミズム的な思考として非科学的な考え方として捉えられることにも繋がります。

　大航海時代に現在の中南米地域への、スペインやポルトガルによる植民地政策においても、布教の流れと共にそれぞれ固有の宗教やアニミズム的な考え方を淘汰し否定する形で進められてきました。これらは、破壊と略奪と暴力とを伴って進められてきたとも言われています。

　かつて中南米諸国で国際協力活動にあたった筆者は、その中でも西欧的な考え方が人々の中に見てとれる点を感じる場面がしばしばありました。中南米諸国の多くは、メスティーソと呼ばれる、西欧と殖民地化以前から中南米諸国にいた各種先住民族との混血の子孫が大多数を占めます。国や地域によっても違いは見られますが、筆者が国際協力活動にあたったパラグアイにおいては、よ

り西欧的な容姿の赤ちゃんが生まれると家族の自慢の種になる傾向が見られました。この点は、植民地時代の16世紀後半頃に、スペイン人を父や母とする者をクリオーリョとして、親が持つ特権を受け継ぐことができた一方、メスティーソとは区別されていた歴史にその一因があるとも言われています。このような植民時代からのレイシズムの名残が垣間見られる場面もありました。

現在のラテン諸国の多くの人々の歴史的な解釈や教育において、民族や国や地域によって違いは見られるものの、「新大陸発見」という西欧的な視点による表現が、植民地化された歴史をもつ中南米諸国の教育や生活の中でも使われています。

その一方で、各々の地域文化も脈々と受け継がれている場面も見られます。国際的にもよく知られているメキシコにおける死者の日：Dia del Muertos は、先祖たちの魂が戻って来る日とされ、日本のお盆にも通ずるものがありますが、明るい祝祭となっている点がラテン的な世界観を感じさせられます。つまり、メキシコにおいては、一神教であるキリスト教会を中心として形成された西欧的な街の構造を示しつつも、植民地化される以前への畏敬の念をも併せもつこの二面性を理解する必要性を感じます。これは中南米地域に限ったことではなく、多くの国際協力や異文化理解においても、この点が見落とされてしまう事が見受けられます。

前著「ART ×国際協力―世界中に風を通す扉を―」においても、かつての日本の美術の教科書を引用し、1300年以上前の法隆寺の五重塔の木部の大半が創建当時のままで、木の命を断つ代わりにその後の命を吹き込む宮大工の精神について話した際に、メキシコ人は深い理解を示す一方、その同じ場にいた欧米の教員たちは非科学的であり、建築資材としての木にアニミズム的かつ呪術的な考えをもつことは前近代的な考え方であると理解されなかった出来事に触れました [27]。

しかし、一神教誕生以前を振り返って見ると、西欧文明の中心的存在であったギリシア神話に見られる世界観においては、人間や神や動物が交わっており、欧州の伝統的建築に多大な影響を与えたパルテノン神殿を生み出したギリシア文化においても、多神教が信じられていたことが分かります。つまり、一神教誕生以前の人類は、自然界に多様な神の存在を感じながら暮らしてきたという

本質的な共通点が見られることが分かります。数世紀にわたり領土拡大を続けた古代ローマも、征服した地域の神々を融合させていった経緯が見られ、他宗教への寛容さが覗えます。

本論は決して一神教を否定するものではない点を確認させていただいた上で、神を生み出していった人類の歴史を振り返ってみることで、国際理解や異文化理解への某かのヒントを得たいと考えます。原初的には多様な神を信じる文化をもっていた人類の思考から、一神教による世界観が生まれ変遷していった歴史との比較文化的視点から、国際協力のあり方やひいては国際理解、異文化間理解への扉を開ける可能性について考察したいと考えます。つまり、畏敬の念の理解が、どのように違いを生んでいったのかの過程を知る必要があるからです。

そこで、神という概念がどのように人類の歴史の中で生まれてきたのかという点について知る必要がでてきます。これは、宗教学者でもない筆者の、国際協力の造形美術を実践研究する中で浮かび上がってきた課題への探究過程の一考察としてご理解ください。次項において、一神教と多神教について、学術的な知見も得ながら考察してみます。

(2) 一神教と多神教

砂漠の宗教とも言われる一神教は、生きることそのものが過酷な状況下にあった民の暮らす砂漠で誕生した経緯から、唯一絶対である全能の神との約束によって、救いが得られると信じられた背景にその源が覗えます。よってその教義から、他の神を信じる場合は、唯一絶対神である全能の神の教えに背くことに繋がり、これが信者と異教徒という対立的な捉え方を招く要因にもなりました。その後の十字軍の遠征等に見られる宗教戦争はその一例として、世界や人類の歴史に記憶されているところです。

一神教の神は唯一絶対至高の存在であり、周知のようにユダヤ教、キリスト教、イスラム教の3つがその典型とされています。それらは同じ起源をもち、異なる時期や説が存在しますが、現在の中東地域で始まったアブラハムの宗教とされているのが一般的な解釈とされています。旧約聖書によれば、予言者モーセが神から十戒を授かったとされます。

一方、自然環境が豊かな地域では、自然そのものに神からの恵みを感じ、人も自然の一部であり、その中で様々な神の恵みによって生かされていると信じられる環境から、畏敬の念を伴う多神教が生まれてきたとされています。砂漠の宗教に対して森の宗教とも見なされる多神教は、他の宗教にも寛容であった点は、あらゆる神を肯定する日本の「八百万の神」という言葉からも容易に推察されることでしょう。

　この点について西欧人の視点から、日本文化の根底に流れる森や自然との親和性の高さについて「フィジコフィリー（自然愛好）」が支配する傾向として論じている一人に、オギュスタン・ベルクが見られます。この点は、キリスト教の世界観とは相反しており、むしろキリスト教は「フィジコフォビー（自然嫌悪）」の支配的な傾向を指摘し、自然をむしろ悪の存在とする概念形成がなされてきた点について論じています[28]。

　この考え方は、自然豊かな環境で生きる民族を征服し、自然や異教徒に対してキリスト教布教を通して、全能の神の国の福音を伝えようとした大航海時代のスペインやポルトガルにとって、植民地政策にも合致していたものと考えられます。

　さらに、例え多神教を森の宗教と二項対立的に単純化したとしても、自然環境によってはその森に対する捉え方も違ってくる点も見られます。例えば、古代北方欧州のように、キリスト教以前は森林地帯におけるケルトやゲルマン等の民族による森の神への畏怖畏敬が、キリスト教化以降の中世に至っては、寒く暗い森に対して魔物が棲む邪悪な闇の世界へと解釈が変わっていった経緯についての研究も見られます[29]。人々が生活を営み、その中心に神聖な教会が存在する場所こそが神の恩恵を受ける光の世界であり、それと対比して本来自然豊かであるはずの森が、闇の世界のマイナスイメージに変化していった推移について論じています。これらは、J.K. ローリングによる原著が映画化された「ハリーポッター」シリーズにおける森という存在の描き方にも共通して見られることではないでしょうか。

　上記の流れに、一神教による人々の自然の捉え方の変化が覗えます。一神教

が生まれた初期の段階では、差別を受けていた下層階級の人々にとっての救いの神であり心の拠り所としての少数派であった一神教が、長い歴史の流れにおいてメジャーとなり、その逆転現象として今日の国際社会では多神教が少数派となっています。それによって、近代西欧以降の科学的視点から、自然に対して畏敬の念を抱く多神教が非科学的でアニミズム的な捉え方がされる場合もあることは、今日の国際社会でも散見される点は前述の通りです。これは一神教による世界観が、上記のフィジコフォビーや、森に対して魔物が棲む邪悪な闇の世界へと変化していった流れとも、何らかの関係性があるかと考えられます。

　一神教が、今日の人類の文明を築き上げてくる中で絶大な役割を果たしてきた経緯は歴史上疑う余地はありません。一神教が人類の歴史を創り上げて来るための極めて大きな役割を果たしてきたことに深い敬意を表しつつ、今日の国際社会においては、多様性の受容に関しても避けて通れないところから、畏敬の念についての理解の必要性について、さらに探っていきます。

　それは、国際協力の対象国における多くの地域や民族では多神教や自然に対する畏敬の念が見られ、ドナー側にはその理解の不足から生じる課題が見られるからです。これは、国際協力に限らず、国際理解や異文化間理解にとっての重要な要素のひとつになると思われます。現在の国際社会に求められている多様性の受容にとって、特に他の信仰への寛容性無くしては成り立たないところがあります。

　かつての大航海時代に、植民地政策がとられ、それは一神教の布教活動と共に行われ、植民地となった地域で信仰されていた多神教は、異教として淘汰されていった経緯は前述した通りです。当時の欧州的な植民地政策的な視点で、未開の民をキリスト教布教により文明化するといった考え方が見てとれます。

　この点、日本の江戸から明治への時代への変化も「文明開化」とされ、それまでの江戸時代までの豊かな文明を否定し、それまでの独自の豊かな文化への価値感が一変し、廃仏毀釈等のような流れに繋がっていった歴史を、今一度振り返って見る必要があるではないでしょうか。西洋化が文明化である、というような価値観が世界を覆った時代でもあり、その考え方は第二次大戦後の「開発」、「国際援助」という表現にも見て取れます。それが現在の国際協力に繋

がっていますが、未だ開発や援助といった表現が日本の行政機関や学会等にも見られる点では、変わっていくことの難しさが感じられます。

さて、第二次世界大戦後に始まった国際協力においても、開発という理念に基づき、近代欧州の科学的・経済的発展をゴールとするような方針が採られてきた弊害については多くの指摘があり、前述してきた通りです。その流れの中で、ドナー側の価値観や論理で、恩恵的に一方的になされる協力が実を結びにくい点は、先に触れた EFA が 30 年以上経ても尚未達成である点や、これまでの実践や研究で明らかにされているところです[30]。

そこで、多くの途上国で見られる畏敬の念への思いを理解する視点の重要性が見落とされがちな傾向を鑑み、今一度、人類と神の関係性という視点に立って考えてみる必要があろうかと思います。

(3) 人類と神

それではここで改めて我々人類の原点に立ち返り、どのように神が誕生してきたのかについて考えてみましょう。これには、宗教や宗派の数以上に膨大な説があるため、その全てを網羅することは紙面の関係で不可能です。本章では、国際協力を造形的視点から考察している立ち位置から、ここではまず、中沢の「神の発明[31]」で展開される論の一部（以降、引用要約箇所は*斜体表示*）を参考に引かせていただきます。

中沢は、認知考古学の知見を引用し、原生人類に起こった脳内の変化について以下の点に触れています。

> *「3～4万年前に出現した現生人類の脳の構造に革命的な変化が起こり、ニューロンの結合の仕方が格段に複雑になることにより、脳内領域の知識を横断的に結合横する新しい通路が作られ、それまで無かった『流動的知性』が高速度で流れ出すこととなった。[32]」*

この変化により、現在の人類に繋がる初めの一歩として、以下の状態が生まれます。

- *流動的知性は異なる領域をつなぎ合わせ、比喩的であることを本質とするような現生人類に特有な知性が生まれてきた。*
- *比喩的な思考は、隠喩的な思考と換喩的な思考という大きな二つの軸で成り立つが、それが本質とされる、言語の深層構造を生み出す流動的知性が流れ出した[33]。*

周知のように隠喩的な思考とは、「○○のようだ」のような直喩とされる表現を用いず、「幼児は天使」等、二つの異なる属性を持つものに等価関係を設定し、あるものに別の属性を与える表現法を用い表象するメタファーとなります。一方、換喩は同じ比喩の一種ではありながら、十字架で「キリスト教」を表象するように、あるものをそれと関係の深い事物を置き換える修辞法で英語でのメトニミーとされています。これらの軸によって言語の深層構造がつくられ、我々人類に共通する根源が比喩的な思考にある点に、改めて注目すべきではないでしょうか。

言語に関して、論理の構築ではなく比喩的な思考がその原初に見られたとの見解は、ルソー等も言及していますが、その点については改めて後述します。このように、現生人類は論理的にではなく比喩的に思考することから始まったとされる考え方は、広く言及されています。この比喩的な思考能力の獲得は、次の新たな重要な展開を生み出します。

「*言葉で表現している世界と現実とが必ずしも一致しなくてよい、現実からの自由な思考が生まれる。*[34]」

これにより、現実からの乖離、つまり妄想することも可能となります。そこに生きるために食べる野生動物たちとは決定的な違いが生じます。それは、現実からの自由な思考により、詩や音楽、神話へと繋がる準備が整います。そして、

「*神話によって最初の哲学が開始。*[35]」

へと、導かれていきます。その脳内で起こったビッグバンとも言える革命的変化によって流れ出した流動的知性にフォーカスすると、

- 異なる認知領域の間の通路を通り横断的に流れていく
- どの領域にも属さないという特質を持つことにより、思考そのものを思考するというやり方で諸領域を横断していく
- 抽象的空間の中で自由な思考[36]

というような特質から、

「思考が流動的知性に焦点を合わせるとき、思考はどんな知的機能にも所属せず、領域化されず、どんな限定も受けない、純粋な光として捉えられるようになっていき、『超越性』の思考が発生する。[37]」

のように、自らの心の奥底に、理解できない超越した存在を見出すに至ります。このように現生人類は野生動物とは違い、観念的に超越性の思考をする生物へと変貌を遂げていきます。その超越性の思考は、

- 心の働きの根源に心を超越したもの、思考や感覚が捉えることのできる領域を越えたものが動いているという直感
- 抽象的であることを本質とする[38]

これらから神話的思考や宗教教的思考へと展開されていきます。現実から自由な思考を獲得することによって、超越性の思考の発生に至るものの、それがいったい何であるのかを理解するのが困難な状況にも繋がります。そこから、

「超越への直感の目覚めは、それを通して心のとらえる世界の外に向けての通路が開かれる。[39]」

へと展開され、

「超越性の直感は、『スピリット』の活動として様々なタイプの探求は試みられる。[40]」

状況が生まれてきます。中沢は、

「超越性の始まり状態は、形而上でも形而下でもない物質でも精神でもな

> い第三の原素材としての『心の胎児・心の原素材』。[41]」

と言及しています。この心の胎児・心の原素材としてのスピリットが、

> 「さまざまなトポロジー変形を起こし、神の形象が形作られる。[42]」

へと繋がり、多神教の神々が誕生してきます。人類の根源的な宗教的思考は、多神教であったことが分かります。これら、多種多様な多神教の中にあっても、大いなる存在としてのグレートスピリットや高神とされる概念が形成されていていきますが、

> 「まだそれは多神教の中に同居し続けてきたことで、一神教の神とは異なる。[43]」

とされます。では、はたして一神教は如何にして生まれてきたのでしょうか？その点に関し、以下の言及が見られます

> 「自分の心の内部で実現できるようになったこの観念の能力を、自分の外にある自然に向かって押し広げ、自然を脳の中に置かれたプランに従って大幅に改造することで、先のスピリットの世界から飛び出した高神から唯一絶対神が出現。[44]」

現生人類の脳内で起こった数万年に及ぶ変化をあまりにも駆け足で単純化して見てきたため、あまりにも説明不足の点はご容赦願います。中沢はそれを、例を挙げて論述していますが、ここで繰り返すわけにはいきませんので、詳細は原典にあたっていただければと思います。その一部として以下が見られます。それは、

> 「元々は生者や死者、神々の世界と繋がっていた世界は、メビウスの輪のように表裏が繋がっていた。その輪を真ん中で切り裂いていくと、二つにバラバラバラにならずにひとつながりの大きな輪ができる。[45]」

この切り離しによって、表と裏の世界の区別がはっきりできる点を、それぞれの世界の分断が生まれる構造的な例えに引いています。さらに、

「物理学が『対称性の自発的破れ』と呼んで研究してきた課程と酷使している。[46]」

点を指摘し、「対称性の自発的破れ現象」が起こることで、それまで対称性が保たれていたスピリットの世界から、非対称性の高神が飛び出し、その高神から唯一絶対神へと繋がります。

周知のように、その誕生に深く関連すると言及されるアブラハムの神ですが、それにはモーセの思想が重要となります。モーセはそれまでのイスラエルの人々の高神と人間のまだ対称性がいくぶんか保たれていた考え方とは違い、アブラハム以来の彼らの神ヤハウェを、人間との絶対的な距離で隔絶された非対称性の神として理解し、合わせてほかの多神教、宇宙の神々への信仰を徹底的に禁止しました。

- 一神教は、新石器革命的な文明の大規模な否定や抑圧の上に成立。
- その抑圧された野生の思考と呼ばれる思考能力が、「形而上革命」を通して新たに科学として復活を遂げる。
- それまでの野生の思考を抑圧することによって、人類の精神に新しい地平を開くことになった[47]。

しかし、西洋において、宗教というものがまだ大きな影響力を保っていた中世の時代とは違い、近代になると科学の発展により社会の様相が変わってきます。

- 「神は死んだ」と言われるようになって以降、神や救世主などの考えに安易にすがることが困難に。
- 近代の意識というのは、この神の存在の不確かさの感覚から発生[48]。

と指摘されています。さらに、

「現代世界の抱える最大の困難がそこから発生している。[49]」

ことに触れつつ、

「世界を知性だけで掴み取ろうとする欲望の発生と、キリスト教的な近代文明が知性を尊重するあまり、知と権力が一体であるような文明をグローバルな規模で拡大してようとしてきたことや、さらに今も強力に推し進めようとしている。[50]」

懸念が示されています。

　本章が国際教育協力の現場から浮かび上がってきた「畏敬の念への理解の有無」からくる課題も、ここに起因する一面があります。かつて、大航海時代に、当時の中南米諸国の文明の破壊や略奪、キリスト教の布教と共に改宗への強要等が見られました。本来、人類はスピリットや多神教の神々と対称性が保たれていた原点を再確認する必要性が感じられます。しかし、現代はそれらの思考は非科学的であるとされ、心の世界と現実をひとつの繋がりとして捉えることは許容されていません。これを、現生人類の脳内で革命的な変化が生じて以来、数万年に及ぶ時の流れに置き換えて見てみれば、むしろ例外的である点を中沢は指摘しています。そして、対称性の思考について、

　　「私たちは３万年前の現生人類と少しも変わらない脳の組織を持っており、感覚と思考は初めてその頃にスピリットが出現した時の現生人類の脳の興奮状態を再現できる可能性を秘めている。[51]」

と言及しています。ここまで本項では、中沢の論を参考にさせていただきました。

　現代社会では、現実世界とファンタジーは明確に区別されていますが、原初の現生人類の世界観では、それらの世界の境はなく、先のメビウスの輪のように全てが交わる世界観の中で生きていたことが分かります。

　日本の伝統芸能でもある能についてフォーカスしてみると、現実世界と人智でははかり知れない幽玄の世界観との繋がりが表現されています。世阿弥や、夢幻能、夢と現の交錯に通ずるところが認められますが、これは日本に限ったことではなく、ギリシア神話等でもオルフェウスのような黄泉の国との往来が見られます。よって、これらは人類の根源的に共通した点であると推察され、

現代のファンタジーと現実の世界の境は曖昧であった時の方が、人類の歴史ははるかに長いことが分かります。かつて現実と妄想はひとつに溶け込んでおり、ファンタジーと現実の世界は往来でき、神や動物や人間が交わる同じ世界にあったのです。

これらから、人がファンタジーに惹かれるのは、現実逃避的な面のみならず、現生人類としての遠い記憶への回帰に、懐かしさや心地よさ、本能的な喜びを感じるからとも言えるのではないでしょうか。メタバースの仮想空間が今日的に進んできていますが、大きな流れで俯瞰してみると、これはデジタルによる科学の発展という側面と共に、もしかすると根源への探究として、現生人類の現実世界以外の世界への回帰や、そのための通路や入り口としての扉をつくる試みがなされているとも読み取れるのではないでしょうか。

本項では、国際協力において浮かび上がってきた、畏敬の念の理解への違いから、人類の心が如何にしてスピリットや多神教を生み、そこから一神教へと繋がっていったかを見てきました。一神教の起源として、過酷で虐げられた状況にある人々の、超越した存在が救世主となって救いの手を差し伸べてくれるという切実な祈りや願いがその源にあります。いずれの宗教にも、人類としての祈りや願いとしての共通点が見られます。しかし、ペストの流行等、如何に深い信仰によっても救われない状況も生まれ、「神は死んだ」とさえ言われるようになる近代西欧以降から、人類本来の野生の思考が、近代科学の発展という形に変容してきた過程を見てきました。

そこから分かることは、人類の歴史と共に心の中に住むスピリットが生まれ、さらに様々な宗教に発展してきた経緯はあるにせよ、我々人類の根源は本質的に同じであるという点です。そして今の私たちは、数万年前の現生人類と少しも変わらない脳の組織をもっていることで、超越性への可能性を各々が秘めているとも言えるのではないでしょうか。

かつて洞窟で壁画を描き、イニシエーションを行い、心の奥に存在する不思議な何かを見つめようとしていた我々の祖先は、野生動物たちとは違い、火をおこし、手による物づくりで土器や服や家を作り、文化的存在となってそれが今日に繋がっています。つまり、人類の根源は手による物づくりからの造形活

動や音楽、舞踏、神話や物語や詩等による創造、つまり人類がART活動を通して生活文化をつくり上げ、今日の私たちに繋がっているということにもなるでしょう。

　逆転の発想で考えれば、今日の複合的危機に直面する国際社会にとって、我々人類がその原初に立ち返り、本質的に同じ野生の思考をもっていたところを共有できるための重要な鍵のひとつとなるのが、ARTなのではないでしょうか。ARTは、生き抜くことや暮らしを営むための手段であり、人智の結晶であったのです。

　そのARTは世界市民の共通言語として、互いに共通点を見出し共感を生み、納得の不一致点を探り合うツールとして、眠っていたかつての野生の思考を取り戻すきっかけになる可能性を秘めています。

　比喩や妄想することから、ARTや宗教が生まれるに至った原初に立ち返れば、忘れていた人類の根源的思考である神話的思考に立ち返り、この複雑な現実世界を抽象化や比喩によって、ARTによる思考の有効な可能性が見えてくるのではないでしょうか。

　夜にたき火を囲んで炎を見つめているだけで、心が癒やされ、その場にいる人達と言葉はなくても共感が生まれるのは、きっと我々の脳にセットされた遠い記憶が呼び覚まされるからではないでしょうか。そこで手を取り合い、歌い、踊り、笑い合うことで、共感が生まれてくるのではないでしょうか。人類はそうやって仲間と共に助け合い、寄り添って文化的に暮らしを形成しながら危険な動物から身を守りサバイバルしてきた生物なのですから。

　多様な人々が集い、互いに表現し鑑賞し合い語り合うような原初的な取組が、政治や経済、イデオロギー等のコンテキストを乗り越えて、本質的に理解し合い多様性を受容していくための手段として有効であろうと考えられます。世界市民として、ART活動を通して同じ人類としての本質的理解を草の根レベルで地道に広げていくことが、今こそ国際社会に求められているのではないでしょうか。

（4）神話学からの考察

　如何に人類が神話を生み出してきたのかという点に関して、流動的知性が現

実世界にとらわれない、自由で、比喩的であることを本質とするような動きが、神話の誕生に繋がってきている流れを前項で見てきました。また、それらの神話には共通した構造がある点は、人類学や神話学等の分野において、レヴィ＝ストロース[52]らが構造主義的に明らかにしてきているところです。ここでは、人類の心が生み出してきた神について、神話学の知見から考えてみたいと思います。神話について触れていきながら、平和への糸口を探るために、異文化理解へと繋がる可能性を秘めた比較文化的な視点をも取り入れながら見ていきましょう。

日本の「古事記」において、イザナキが死んだイザナミを追って黄泉の国を訪れた際に、「決して私の姿を見てはいけない」という禁を破ることで、望みを果たせなかった神話が語り継がれてきています。その一方、ギリシア神話における堅琴の名手オルフェウスが、亡くなった妻をこの世に連れ戻すために冥界にはたどり着いたものの、「振り返って彼女を見てはいけない」という禁を破ることで永遠の別れとなってしまう話も世界中で知られているところでしょう。どちらも話の筋立ては似通っており、世界各地にこのような類似した神話は数多く見られます。

後藤は、神話は人類の記憶の宝庫であり、なぜ上記のような世界中に似たような神話があるのかという点に関して以下のように述べています[53]。それは、

「人類は文化や環境が異なっても似たような思考を持つ」
「人類の移動や文化の伝播に起因する歴史的要因」

という二点について論じられていることに触れつつも、マイケル・ヴィツェルによる「世界神話の起源[54]」を引き、新たな論を展開しています。

その論とは、世界の神話の系統は大きく二つの流れに分類されるとする仮説で、近年の遺伝学、言語学、考古学による現生人類の移動と神話モチーフの世界的広がりが大局的に合致する傾向の高さから提唱されており、それらは古層『ゴンドワナ型神話』と新層『ローラシア型神話』[55]とされています。

それらは現在の地域的には、

- ゴンドワナ神話：アフリカで誕生した現生人類の神話で、初期の人類の移動で南インドやオーストラリアへと渡った古層の神話郡で、インドのアーリア系以前の神話やアボリジニの神話等、現在のオーストラリア、ニューギニア、メラネシア、サハラ以南アフリカ等でみられるもの
- ローラシア神話：エジプト、メソポタミア、ギリシア、インドのアーリア系神話、中国や日本の神話等。日本は人類が東南アジアから北方アジア、アメリカ大陸への移動途中経路にあたったため、ゴンドワナ型神話の痕跡も存在する

のように分類されます。ローラシア神話群の特徴として、

- 現在語り継がれている大多数の神話はローラシア神話であり、親しみやすい
- 無から天地創造、最初の神、男女神の誕生、天地の分離、大地の形成と秩序化、光の出現、火や聖なる飲み物の獲得、その後に続く神々の世代との闘争、半神半人の時代、人類の出現、更に貴族の血脈の起源へと繋がるテーマ、現世の暴力的な破壊と新しい世界への再生

といったような特徴やストーリー展開があり、楽しく記憶しやすく再生されやすい傾向等が見られます。

　その一方で、ゴンドワナ型神話郡の特徴としては、上記のような神話的思考が欠如しており、ストーリー性が弱く、無から有を生む宇宙の創造は語られず、世界は最初から存在しているという特徴が見られます。また、高神の子どもの下位の神々は、トリックスターや文化英雄であり、人類は木、粘土（または岩）から、または神々やトーテム祖先から直接創り出されるような特徴も挙げられます。

　そして、そのどちらにも共通する点として、

　「大洪水からの再生または復活」

が見られる点が興味深いところです。

　ここで本章の展開上、現在の国際社会が抱える課題解決へのヒントとして、

神話学から後藤の以下の視点が重要であると考えられます。

- ゴンドワナ型神話は、物語化するのが至難であり、そもそも物語という営みが成立する以前に存在していたホモ・サピエンスの原型的思考
- 人間と動植物が自然現象を区別しない時代における森羅万象、動物、木々や草花とともにささやきあっていた時代の神話
- 文字がいらなかった時代の神話
- 動物も天体も人間も同じく地上で暮らしていた
- すべてのものは、すべてのものに繋がっているという考え方が根底にある
- 意味のないものはない――人間も動物も森羅万象もそれはそれぞれが役割を果たしており、存在する権利を持ち、意味のないものはない

このような考え方が提示されています。さらに後藤はゴンドワナ型神話の構造として、すべての要素が互いに互いを支え合っている「籠のような張り構造」であり、そのことから、

- どこかが崩れれば全体のバランスが崩れる
- ばらしても世界の神秘は無く、籠そのものが世界
- どれが大事、上下、支配被支配、権力と搾取も無縁

等の特徴が指摘されます。それはローラシア型神話の

- 構造に中心と側面があり、本質と表象の区分が生じる
- 神は絶対的な存在

との比較により、重要な見解が示されています。それは、

> 「ゴンドワナ型神話は、自民族中心主義や征服者の思想には導かれることのない神話であり、現代の世界に最も必要視されている思考方法とは言えないだろうか。」

という点であり、さらに、

「もともと人間も動物も太陽も風も一緒に暮らしていた、人類としての原点に戻って見るべきではないか。」

という指摘が見られます。

　その発想として、共に時間を旅する、流動する対等性や、意味のある関係性、互酬性、調和と共存が根底に流れており、一部の人間の判断で他を抹殺することは自らの破壊に繋がるとして警鐘を鳴らしています。さらに、人類学や神話学を支配してきた「自然」と「文化」の対立という二元論に対する疑問の呈示、学術の世界の思考の変化についても触れています[56)]。

　つまり、近代ヨーロッパの科学的思考以降、これまで未開の考え方として扱われてきたものの中に、科学の進歩がもたらした地球の危機的状況を救うヒントが隠されていることに、我々はもっと真摯に向き合う時が来ているのではないしょうか。

　本論において探究している、国際協力を切り口にした造形的視点においても、紛争が絶えない国際社会の課題解決へのヒントとして、これら神話学からの学びは、まさに持続可能な取組みとして、人類の原初のあり方に立ち返って見なおしてみる必要性を教えてくれます。SDGsの考え方は、現生人類のスタート時点で持続可能な生活を営んでいた頃の、より深い思考へと導かれることが求められるべきものと同じであろうと考えられます。

　神話的思考は、物語るところから始まった人類が創出した普遍的な文化であり、さらに人類が過去の過ちや忘却を免れる手段として、本質的にシンプルに核心的に伝承されていくために、大切な学びが数多く含まれているのではないでしょうか。神話的思考は、かつて人類がもっていた神や動物や人間が自由に行き来する思考の扉を開いてくれる鍵となるでしょう。

　ここで考えられるヒントとして、過去や現在の人類の負の体験を繰り返さず、遠い未来まで語り継がれるためのヒントとして、神話や民話等が挙げられます。

　世界各地に語り継がれる神話や民話には、多くの共通点が見られ、相互に人々の交流や影響があったことが覗えます。そこには、自然界の秩序を破り、

物語を展開する役者が登場し、ある時は善であり、またある時は悪を演じるような、創造と破壊、賢者と愚者等の二面性をもったトリックスターという存在が見られる場合があります。しかしこの二面性は、人類の本質を捉えたものとも言えるのではないでしょうか。本質を捉えたものが、伝承されていくという点が、学術的には神話学や民話を研究する民俗学の知見から見てとれます。

　いたずら者の孫悟空が英雄的な活躍を見せる「西遊記」や、アメリカ先住民に伝わる伝承では、ワタリガラスが様々な二面性をもったトリックスターとして登場します。ギリシア神話では、神の国から火を盗み人間に渡した罪で磔にされ、生きながら毎日肝臓を食べられる責め苦に遭うプロメティウスを知っている方は多いのではないでしょうか。

　神話からの学びとして、古層「ゴンドワナ型神話」と新層「ローラシア型神話」いずれにも共通する点として、人類の高慢な振る舞いや罰としての大洪水が挙げられます。その比喩が意味するものは、人類の歴史の中で様々な形で繰り返されてきているのではないでしょうか。

　その洪水からの再生または復活という展開に、我々は真剣に向き合うべき時がきていると感じられるのは筆者だけではないはずです。世界の振り子が紛争へと揺れ動き始める危機にあるこの状況下に、科学の進歩の果てに生み出された核の脅威は、地球の生きとし生けるものの存続に関わる重大な共通課題になっています。ここで、人類としての核の脅威を唯一体験した日本は、世界とその体験を共有すべく、再生に繋がる神話的に思考し、世界に伝えていくことが求められるのではないでしょうか。

　被爆体験者による話を伝承するために、その方々がいなくなった以降は、それを続ける伝承者と共に、その本質を抽出し、未来や世界へ伝承されるようにデザイン的な思考も求められるところでしょう。これには千年以上の時を経て伝承される神話から、学ぶべき点は多いのかも知れません。

　核に対する人類のアンチテーゼとしての、岡本太郎の東京渋谷の駅通路に展示されている壁画「明日の神話」は、水爆実験や日本の漁船「第五福竜丸」の被爆をモチーフにしながらも、生々しく詳細を語る事無く、印象的に人類に対するメッセージをダイレクトに強烈に伝えています。造形美術を通して神話を創り上げていくことで人間の心にダイレクトに伝える術を、岡本太郎は深く理

解し、あらん限りのエネルギーを注いで制作にあたった事が伝わってきます。岡本太郎の造形に関しては、改めて後述させていただきます。

　戦争と平和を人類は歴史上繰り返してきています。そこで、物事の見方や考え方は、二元論的、二項対立ではなく、その中に多様なグラデーションがあることを相互に理解するための努力が必要となるでしょう。本項では、そのヒントとして神話学的な視点をもとに考察を試みてみました。それをいかに伝承していくのかが問われることになります。伝承に関しては、人類の歴史の中でも世界各地で様々な神話的な思考からの学びが求められるところでしょう。イタリアの歴史家カルロ・ギンズブルグの「神話・寓意・徴候」では、

　　「われわれが神話を考えているのか、それとも神話がわれわれを考えているのか。」

という問いに対して、レヴィ＝ストロースが後者を選んでいることを引用しながら、まだ神話が人間たちを考えている段階ではないかとの思索が見られます[57]。

（5）宗教と戦争

　唯一絶対神である全能の神という一神教の誕生と共に、異教徒や異端を認めない宗教による紛争や戦いが、世界の歴史に刻まれてきています。11〜13世紀にかけて聖地エルサレム回復という宗教的目的による十字軍が、聖戦というの名の下行ったキリスト教徒とイスラム教徒との戦いは、世界の歴史を大きく揺るがす一因となりました。

　ロシアによるウクライナ侵攻においても、宗教の観点からの要因として、高橋による以下の指摘も見られます[58]。

　　ウクライナとロシアは、千年以上にわたってキリスト教の一派である東方正教という信仰を共有してきたが、ソ連崩壊後ウクライナは独立国となったにもかかわらず、宗教的には依然としてロシア正教会の管轄の下にある。ロシアのウクライナ侵攻後、ウクライナにおいては正教会の独立を求める動きが激しくなり、両国の複雑な関係性や、独立派と親露派の激しい対立

はウクライナを分断させる要因となっている。

　このような、宗教を巡る戦争や紛争、テロは世界で途絶えることなく、2001年に起きた「9.11」とも言われるイスラム過激派テロ組織アルカイダによるアメリカ同時多発テロや、これを契機としたアフガニスタン紛争等、世界の記憶に刻まれているところです。

　一方、2015年2月にリビアのトリポリ海岸において、過激派組織IS（イスラム国）が、エジプト人キリスト教徒であるコプト教（エジプトを中心とした原始キリスト教）21人を斬首した[59]痛ましい事件を記憶されている方はいらっしゃるでしょうか。

　塩野は、この件に関して以下のように解説しています[60]。

　　斬首執行人はその直前に「この向こうにローマがある。」と英語でスピーチしたことが伝えられている。つまり、彼らにとっての攻撃目的地はローマカトリック総本山ヴァチカンを意味している。

　本来救いを求めるはずの宗教によって、なぜ人類は分断され争いを起こしてしまうのでしょうか。ここで、エジプトにおける原始キリスト教コプト教についての歴史を見てみましょう。

　　エジプト人口は約1億人の内、9割がイスラム教徒、1割がキリスト教徒でその大多数はコプト教徒であり、それは起源40年頃に福音書を書いた聖マルコによってアレキサンドリア（ローマ、アンティオキアとならぶ古代キリスト教中心地）から始まったとされている。2世紀にはエジプトほぼ全土に広がり、300年前後、ローマのディオクレティアヌス帝による残酷極まりない迫害を契機に、多くの殉教者を記憶するためディオクレティアヌス帝即位の284年をコプト元年にするコプト歴を採用した。しかし、451年に再び異端の宣告を受け、弾圧や迫害の後、独自の総司教を擁立し孤立の道を歩んできている。7世紀のアラブ軍によるエジプト征服により、大勢はイスラム教に改宗する中、弾圧を受けつつも、長い歴史の中で共生してきた経緯がある[61]。

Ⅳ　平和の糸口を探るための造形美術の可能性

しかし今日においても、宗教を巡る異教徒、異端者という名目で上記のような痛ましいテロ行為が起きる度に、その宗教の神は果たしてそれを望んでいるのだろうかという疑問が沸いてくるのは筆者だけではないでしょう。

これまで見てきたように、一神教は砂漠の宗教とも呼ばれ、異教徒・異端は布教や弾圧の対象にする一方、多神教は森の宗教とも呼ばれ、多様性を受け入れる違いがあります。しかし、人類の心が神を生んできた当初は、スピリットや唯一絶対の全能の神ではなく、多神教的であったことを、今一度人類の根源として共通に理解した上で、他の宗教や宗派に寛容な、多様なまま共存し、尊重し合う世界構築が目指されて欲しいものです。その為に重要な役割を果たせるもののひとつがARTであると考えられ、その象徴として人類の共通文化としての世界遺産が挙げられるでしょう。

キリスト勢力とイスラム勢力の戦いの中で、15世紀後半、カスティーリャ王国のイサベル女王が、イベリア半島南部に残っていたイスラム国家グラナダ王国を制圧し、約800年にわたったレコンキスタを完成させた史実は世界の歴史に刻まれているところです。現スペインは、レコンキスタの過程でイスラム的な文化を払拭する形で建てられたカトリック教国ではあるものの、アルハンブラ宮殿は残されています。

イサベル女王は、外からは単なる要塞としか見えないそのアルハンブラ宮殿内部のあまりの美しさに、心奪われたことが伝えられています。さらに民衆も宗教を越えて、宮殿のあまりの美しさや文化的価値を受け入れざるを得なかったとも言われ、パティオ等のイスラム様式がその後のスペインの建築文化に与えていった影響の大きさについては世界が知るところであり、それは大航海時代を経て中南米諸国の建築にもその波及が見られます。

イスラムの人々からすれば、イベリア半島におけるイスラム支配と信仰が砕かれても、尚そこに残った輝かしいイスラム文化ということになるでしょうか。それが今日において世界遺産として受け継がれているところに、人類共通の文化が果たす役割の重要性が浮かび上がってきます。血塗られた800年にわたる戦いや、宮殿内における人間の権力闘争を見てきたであろうアルハンブラ宮殿という文化遺産そのものが、宗教を越え、時を越えて、その造形美によって今

も尚世界の人々に感動を与えています。世界遺産は、そのような人類普遍の思いや美への憧れに気づかされる故に、世界にとっての遺産たりえるのでしょう。

　先の見えない複雑な国際社会において、文化という人類が普遍的に受け入れられる重要なキーワードが浮かび上がってきます。我々人類は、野生動物とは違い文化的存在として歴史をつくってきた、その原初の立ち位置を、今一度確認することから始められないでしょうか。

4. 暴力と平和について

(1) 平和とは？

　本書では、国際協力や造形美術をツールや媒体として平和への糸口を探究していますが、それを考えるにあたり、ここで改めて平和という語の定義を確認しておく必要があります。広辞苑によれば、以下のように示されています。

① やすらかにやわらぐこと。おだやかで変りのないこと。「―な心」「―な家庭」
② 戦争がなくて世が安穏であること。「世界の―」

とあり、①に関し、誰にとっての平和なのかを考えると平和の多様性が浮かび上がってきます。何をもってやすらかにやわらぐことができるのかは、まさに人によって様々であり、ましてや文化や宗教等様々なコンテキストにおいてはその多様性が見えてきます。②の意味に関しても多様な議論がなされていますが、まずはここで平和学における考え方を見てみましょう。

　ノルウェーの平和学者ヨハン・ガルトゥングは、平和について以下の2つの概念[62]を提起しています。

・「消極的平和」：戦争や暴力がない状態
・「積極的平和」：共感をもとにした協調と調和があり、構造的暴力のない状態とし、「平和」の対義語を「暴力」としています。

その暴力については以下の3つを定義しています。

- 「直接的暴力」：戦争、紛争、虐殺、肉体的暴力、精神的暴力、性的暴力、家庭内暴力、等
- 「構造的暴力」：貧困、飢餓、格差、環境問題、差別、疎外、搾取等
- 「文化的暴力」：他者への不寛容、偏見、憎悪、無関心など

単に戦争や暴力がない状態（「消極的平和」）だけではなく、「積極的平和」について考えてみれば、特に「文化的暴力」は、弱い立場の人の抱える問題を自己責任とみなすことで、自らの内なる暴力を肯定してしまいがちな人間の深層心理的側面が浮かび上がってきます。同様に「構造的暴力」も、人種差別、原発避難者やLGBTQ等への偏見や差別等、人間の心の中に潜む感情も暴力の一種とされています。

これらから、戦争を主導する一部の人間に限らず、我々人類は自らの心の中に暴力の種を抱えていることに気づきます。それをどのように自覚し、積極的平和へと舵をきっていけるのかが問われているところでしょう。これら、「構造的暴力」「文化的暴力」が原因となって「直接的暴力」である戦争や紛争に繋がっていく構造こそが、地球規模で抱える課題であり、我々庶民が日常生活においても問われている課題でもあります。

（2）なぜ人類は戦うのか ―文化人類学の思考―

平和と暴力の関係を見てきたところで、本項では「なぜ人類は戦うのか」について考えてみたいと思います。結論を導くには難しくても、一世界市民として各々が考察してみることは大切です。そして、市民同士が人類として共感できる接点を見出し、国家や民族、宗教等で分断されがちな世界の構造を、その底辺からボトムアップ的に変えていくムーブメントへの一助としたいところです。

まずはその前に、本章は国際協力を切り口に平和構築を考える手法を採っている視点から、ここでJICA海外協力隊のエスノグラフィック的なアプローチについて触れます。

日本のODAで国民参加型ボランティア活動としてのJICA海外協力隊は、派遣先の地域社会に溶け込んで共に暮らしながら活動をするため、文化人類学の

フィールドワークに似たエスノグラフィック的なアプローチを、日々の活動で実践することになります。国際協力活動が日常生活となる中では、非日常としての短期の海外旅行とは違い、異文化との遭遇に戸惑う場面は避けられません。その際に、自分にとっての当たり前にクエスチョンマークが付くような、自身が置かれた状況を深く考えてみざるをえない事もしばしば起きてくることになります。

　このような「自分にとっての当たり前」を疑う学問として、比較文化学や文化人類学等が挙げられます。比較文化学は、異文化との比較から自文化を相対化して見つめ直すことに繋がりますが、その点は後述するとして、ここでは文化人類学的な思考法から考察してみましょう。

　文化人類学の思考法は、松村らによると

　　対象に近づき五感を働かせて物事を理解しようとすることや、一見すると遠いものや異質なもの同士を引き合わせ、既存の言葉や概念を問い直し、自分なりの世界を考える道具をつくること [63]

と言及されています。

　これは国際協力活動現場では、日常的にその実践が求められ、それ故に文化人類学のフィールドワークに似てくる状況が生まれてくるものと思われます。

　しかしこれは、国際協力に参加し、その現場に行かなければできないという訳ではありません。多忙な日々において、日常生活で遭遇する様々な違和感を素通りする事は起きがちです。「みんな違ってみんな良い」という台詞が聞かれることがありますが、それは多様性や個性を認め合うよう努める場面においては妥当でしょう。その一方で、その違いについて思考することを放棄し、深く理解しようと努めない、ある意味無関心な思考停止状態において言い訳の代わりにその言葉が便利に使われてしまう負の側面もあり得ます。

　日常の暮らしの中で、多様な人々と触れ合う場面で、価値観の違いや違和感をもつ瞬間はあるものです。その際に、文化人類学的な思考法によって自分なりの「世界を考える道具」をつくり、それをアップデートし続けることで、発見や新たな視点が得られるかもしれません。そのような作業を続けていければ、アンテナの感度はどんどん高まっていくはずです。成熟した文化的国際社会の

構築を目指すために、世界市民である我々一人一人は、自分なりの「世界を考える道具」をつくり続ける人でありたいと願います。

さて、「なぜ人類は戦うのか」についての考察に戻りましょう。戦争とは「武力による国家間の闘争」と「広辞苑」では示されています。なぜ戦うのかという理由に関しては、歴史上多くの説が唱えられてきた経緯がありますが、一般的な理解としては、政治・経済・宗教・民族等による対立や、各々の主張や領土拡大、資源の争奪、国益追求等の流れにおいて、国家間相互の主張が折り合う接点が見出せなくなった過程で生じる、武力による解決に踏み出される状態と解釈されるところでしょう。

そこで、この点に関する文化人類学者による思考について触れてみます。上記のような国家間での戦い以外でも、人類学において

「近年の内戦では、隣接して暮らす集団同士がしばしば戦っている。[64]」

点が指摘されています。

国家無き社会を対象にした研究で、しばしば人間集団が近い集団で戦う点に着目した研究によると、

「戦争を近い存在との違いを示し、相手集団との線を引く営み」

と、捉える研究事例が報告されています[65]。これは集団間の関係が深まり一つの集団に統合されることで、各集団の独自性が失われるため、自律的な存在であり続けるために、相手集団との関係を一時的に断ち切る必要性が、その起因となっています。

今日のグローバル社会といわれる状況は、まさに上記のような、ひとつの集団に統合されることで各集団の独自性が失われる危機を孕んでいる一面が浮かび上がってきます。日本国内においては、どこに行っても類似の大型チェーン店が街道沿いに並ぶような、かつての地域の独自性が失われており、世界においても特に首都圏や都市部においてはグローバル企業の進出で類似の状況が散見されます。また、かつての戦後高度経済成長期の日本が、武力ではなく経

済力によって破竹の勢いで世界進出する時代に、国際社会からはエコノミックアニマルと言われ、各国の危機感と共に厳しい眼差しを向けられた時代からも、武力のみならず経済力も軋轢を生む要因となり得ることが分かります。

なぜ人類は紛争や戦争を招き、平和を維持できないのでしょうか。それを避ける手段のひとつとして、その事実に向き合って探ってみることも大切なのではないでしょうか。

「歴史は繰り返す」と言われ、そこから人類は本質的に忘却する生き物であろうことは前述した通りです。歴史の振り子は、常に平和と紛争の間を揺れてきています。その視点に立って、我々人類は、忘却する生き物である点を自覚した上で、改めて歴史から学び、振り子が紛争に揺れないための社会構築のデザインが、喫緊の国際社会の課題になっています。今こそ、文化的存在としての人類の生き方を模索する時が来ているのではないでしょうか。

橘は、著書「バカと無知—人間、この不都合な生きもの」で以下に触れています[66]。

- *バカは自分がバカであることに気づいていない*
- *知らないことを知らないという二重の呪い*
- *道徳の「貯金」ができると差別的になる*
- *共同体の温かさは排除から生まれる*
- *人間の本性である「バカと無知の壁」に気づくことから希望が生まれる可能性が*

これらから見れば、「無知の知」を説くことで権力者の恨みを買い、死罪となったソクラテスが思い出されますが、どうやらその時代から人類は進歩も進化もしていないようです。「無知」を自覚するのは、大人になればなるほど難しいのかもしれません。ましてや、権力をもてばさらに困難になっていく点が人類の抱える大きな課題とも言えます。それは、戦国の世にあって太平の世を実現するべく百姓から身を起こし天下統一を果たした豊臣秀吉が、それに満足せず、その後朝鮮出兵に舵をきった歴史的事実からも見えてきます。

橘の言う人間の本性である「バカと無知の壁」に気づくことは、国際レベル

で真剣に向きあうべき課題なのかもしれません。しかし、現在の国際社会における会議においては、各々の国家の威信やイデオロギー等様々な主張がぶつかり合い、余りにも高いハードルが横たわっています。むしろ、世界市民同士の井戸端会議から関係性を構築しながら、ボトムアップ的に納得のいく不一致点を探る方法が求められているのではないでしょうか。

佐川によれば、

> 「人はなぜ戦うのか」を問う際には、「人はなぜ戦わないのか」また、「人はなぜときには暴力の拡大に抗う行動をとるのか」

という問いを同時に提起する必要について触れています。そして内戦下であっても、多くの人は略奪や殺人に手を染めることなく生きていく点に着目した複数の研究において、

> 「自分たちの生きる空間が暴力の論理に支配されるのを拒むため。」

そして

> 「自分たちの生活を自分たち自身で秩序づけていくため。」

という点が導かれています[67]。

繰り返してきたように、人類は闇の中においても火を焚き、集団で暮らす術を得て危険な野生動物から身を守りながら進化してきた生き物です。それ故に、文化的存在になってもその記憶はDNAの中に刻まれており、暗闇に一人置かれた時の想像による恐怖は世界共通かもしれません。

かつての日本でも、夜は魑魅魍魎の支配する世界と捉えられており、街灯がある現代でさえも、暗い夜道の一人歩きは自らが生み出す負の恐怖に思わず走り出してしまう時もあります。人類は、そのような自らの想像力が生んでしまう恐怖に怯える一面をもっています。

さらに、その想像力が生み出してしまう恐怖から、暴力が生まれることも世界の歴史で繰り返されてきています。国家や共同体で独裁的な権力者による恐

怖政治は反対する者を処刑するやり方でその権力を保持し、自らの身の安全を図る例は、世界の歴史において数多く見られます。しかしその権力にあるが故に、常に反乱や反逆が起こる想像による恐怖に怯えていたとされ、権力の側近にあるような有能な部下が、その疑いから処刑されるような史実は世界各地で見られます。人にとっての一番の恐怖は、自らが生み出す想像の恐怖であるとも言われる所以でしょう。

権力闘争に限らず、戦争や紛争もこのような想像の恐怖が根源にあり、それが諸要因との複合的な状況が絡み合って事態が招かれる例は、世界の歴史から数多く浮かび上がってきます。想像の恐怖が膨らみ、やられる前にやってしまえという構図で起こる戦いは、枚挙にいとまがありません。

テロリズムは、テロ行為によってもしかしたら狙われるかもしれないという想像による恐怖を生み出すことが目的とされます。テロリストが人々に恐怖の想像をさせ、分断や混乱を招くことが、自らの政治的目的を達成しようとする手段と言われています。これも、人間の恐怖の想像力を逆手にとった暴力といえるでしょう。

しかし、権力者の闘争や戦争への判断、またテロリスト等に限らず、我々庶民もその危険性を孕んでいることは、人類として共通理解しておく必要があろうかと思われます。デマや流言からの暴力がその例です。

関東大震災から100年を迎えていますが、その際の犠牲者10万人以上と言われている中、数千人の朝鮮人や中国人、標準語が心許ない方言話者の日本人らが、軍や警察、自警団によって虐殺される悲劇が起きています。井戸に毒を入れた、放火、暴動等のデマを信じた、日常であれば普通の人々によって引き起こされたジェノサイド（集団虐殺）で、証言集には「15円50銭」といった発音しにくい言葉を通行人に強要し、発音がなめらかではなかった人を殺したという記録が見られます[68]。

その被害者の中には日本人の地方出身者も含まれており、香川県から行商で訪れた幼児や妊婦を含む9人が殺害された事件に取材した映画「福田村事件」の森達也監督は、新聞のインタビューで以下のように語っています[69]。

「善良な人が集団になった時に、とてつもないことをする。」

Ⅳ　平和の糸口を探るための造形美術の可能性

> 「同質なものでまとまり集団化が進むと、異質な者を排除しようとする姿勢は、100年前も今も変わらない。」
>
> 「不安や恐怖心が強まり、『やられる前にやれ』という論理が立ち上がってくる。これは世界中の戦争でも同じことが言える。」

また、アウシュビッツ強制収容所やカンボジア虐殺現場を訪ね、いずれの虐殺も構造は同じで、キーワードは組織または集団である、と語っています。

さらに、安倍内閣以降の日本政府が南京大虐殺や従軍慰安婦問題、関東大震災における朝鮮人虐殺等の負の記憶から目を背ける姿勢や、東京都知事が虐殺犠牲者の追悼式典への追悼文送付を2017年よりやめている点にも触れ、

> 「日本社会は集団と相性が良く組織が大好き。個が弱く一色になりやすい。一人一人は優しく善良でも、集団になると一斉に危ない方向に転移する。歴史を見れば明らか。」
>
> 「デモクラシーやリベラルといった理論は、不安や恐怖というエモーションに弱い。」

という見解から、森はハンセン病患者への差別、東日本大震災後の福島県出身者に対する排除や、ヘイトスピーチやヘイトクライムも同じ構図である点を指摘しています。

森は、日本人の中に潜む100年前の狂気を映像化することで、警鐘を鳴らしています。これは映画という造形的な表現によって、普通の人間に潜む狂気を自覚させた、平和への糸口を探るための有効な手段のひとつであろうと考えられます。

このような差別意識からの暴力は、今日の複雑な国際社会で、人類が目を背けずきちんと向き合わなければならない課題のひとつでしょう。人類の歴史の中で起こる負の側面である事実を改めて共有し、再発防止に努め、負のスパイラルの発生や伝播に歯止めをかけることが求められています。その一助として、まずは知るところから始め、自分なりの世界を考える道具をつくり、自分の中に潜む暴力を飼い慣らし、世界と建設的な関係性をつくるあり方は、先の文化人類学で触れた通りです。

無知が差別や偏見に繋がる点は、世の中で繰り返し言われ続けています。その一例として、橘は、神経学者マーカス・レイクルによって発見された脳のデフォルトモード・ネットワーク（DMN）の科学的知見から、差別や偏見等の、人類が起こしてしまう諸々の負の因子に対して、以下のような言及が見られます[70]。

- *脳はボーとしている状態でも、予測と修正を繰り返す高機能のシミュレーション・マシンであり、過去、現在、未来を物語として一貫する「主体（わたし）」を必要とし、より効率的なシミュレーションのために「自己＝意識」が進化してきた。*
- *脳が物語を構成する中で「物理的な制約」「資源の制約」「社会的な制約」等の制約があるが、その中でもヒトは徹底的に社会的な動物であり、安倍元首相銃撃犯の事例に見られるように、その制約が無くなる事で孤独が狂気と妄想へと導かれ、物語が大きく歪んでいくことになる。*

　様々な要因が複雑に絡み合い、解決の手段として武力行使という方法が選択され戦争へと導かれる流れが、人類の負の歴史として繰り返されてきています。しかし、戦いに舵を切る指導者は、社会的権力者でありながら、それ故に孤独であるという側面が見られるケースもあるのではないでしょうか。孤独や不安が猜疑心を生み、攻撃される前に攻撃すべしという強い主張が内部から起きた際に、戦いへと導かれる事例は歴史上に数多く見られます。

　そこで、人はなぜ不安を感じるのかという点について、石川は以下のように論じています[71]。

- *動物でもある人間の進化の過程を振り返れば、多くの危険を早く察知して死なないように危険を警戒する心が生まれ、文明の時代でもその心は動物のままで反射的な警戒心が残っている。*
- *恐怖を感じると合理的な思考が一時停止し、闘うか、逃げるか、隠れるかするが、それが不安の根源となり、人は不安を過剰に感じるようにできている。危険から逃げるなどの対応をしなければならないため、人は*

Ⅳ　平和の糸口を探るための造形美術の可能性

不安な感情がより起こりやすい。
- 人間は思い込みをしやすい。自分にとって都合のいいデータばかりを集める確証バイアスに陥る。人間は反証よりも確信を重視しがち。理論が否定され、失敗感が生じるのを嫌がる。
- 人間は進化の過程で、一度の失敗で生死が分かれる厳しい環境を生き抜いてきたため、失敗を恐れる。
- 人間は他人の意見に同調しやすい傾向にある。狩猟採集時代の集団は百人程度で、集団のルールを守っていれば生き延びられた。周りの人たちに合わせて行動すれば生きていけた。
- 自分の考えを補強するものばかりが提供されるフィルターバブル現象が生じる。自分の考えは正しいと確信してしまう。人は不安を抱えると冷静な判断ができない心理的な視野狭窄に陥り、人の意見を冷静に聞いたり、客観的に状況を分析したりすることができなくなる。

これまでの論において、暴力が引き起こされる要因について人間の心に着目すると、進化の過程で習得した人間の心が生み出してしまう不安からの恐怖が引き金となったり、恐怖を感じると合理的な思考が一時停止する点や、無知からの差別や偏見、自集団と異質な者を排除しようとする傾向等、我々人類はその内に潜む排他的な暴力性を自覚することから始める必要があるようです。

その一方で、イデオロギーや国家間の都合で苦しむ人間が生まれてしまう世界の現状がある中で、政治学者である姜尚中は、

「自分や自分の出自に引け目を感じるのではなく、世界の構造こそ問題であると思えるようになった。[72]」

との気づきが精神的な転機であった点に触れています。

不安や恐怖から戦いを選んでしまう人類としての負の側面を見てくると、歴史の振り子が揺れる中で、危険な方向へと動きを見せている現在の国際社会のの危険信号が点滅している状況が感じられます。同じ過ちを繰り返さないために、例え側面的ではあっても某かの方法を探るあり方が、未来の子ども達やこの星にとって、今まさに求められています。

不安を煽り、外に敵を想定し権力構造が武力行使を正当化する政治的動きに煽動されない意識をしっかりと個々がもって行動することが必要でしょう。国家による国民の犠牲を生み出さない、武力行使を避けて文化的な解決を探る成熟した国際社会の関係づくりが求められています。

　SDGsは「誰一人残さない」と明言しています。しかし果たして世界の状況はそうなっているのでしょうか。残念ながら、世界は解決されるべき課題が山積しており、国連は武力侵攻や衝突を抑止できてはいません。個々の人間の尊厳がリスペクトされる国際社会の具現化への方向を探るために、我々の、世界市民としてできる何かを探りたいところです。そのためには文化人類学に倣い、マクロの視点とミクロの視点の往還が求められるところでしょう。

（3）人類が抱える核兵器という脅威

　ここで、人類にとって最も脅威となっている核兵器の課題について考えてみる必要があります。ロシアのウクライナ侵攻後、かつてのベトナム戦争のような東西の対立構造による代理戦争の様相を呈し始めた情勢から、国際社会の分断、ロシア大統領の「核兵器使用も辞さない」の発言が世界を震撼させました。第二次世界大戦後の東西冷戦時代を経て核兵器は世界にとっての脅威であり続けています。ここで考えたいのは、核のボタンを押せる立場にある国家指導者達は、果たして核の脅威と、それに伴う人類の歴史的惨禍への理解をしているのかという疑問です。

　約80年前の広島、長崎のキノコ雲のその下で、それまでの人類が経験したことのない規模で市民が味わった生き地獄の現実を知っているのか、という点です。もし知っているのであるとすれば、その惨禍を繰り返そうとする愚行は、桁違いの想像力の欠如としか言いようがありません。天災や大震災との大きな違いは、人類が、同じ人類に対して行う意図的な大虐殺であるという点です。

　人類史上、核兵器による惨禍を体験した国は日本しかない歴史的事実は世界が知るところです。しかもその体験した人々の多くは戦場にあった兵士ではなく、そこで日々の生活を営んでいた一般市民でした。しかし戦後80年を迎えようとする今日、日本人一般にとっても、被爆体験を伝え続け平和教育に力を入れている広島・長崎在住の方々や、その中にあっても経験者からの話を伝え

聞いている方々とそうでない方々との温度差には、大きな隔たりがあります。筆者は、広島以外の土地に住む被爆者二世という、微妙な立場からその温度差を強く感じます。

プロローグで触れたように、被爆を体験した筆者の両親は既に他界していますが、戦後80年を迎えようとしている昨今、その生き証人は僅かとなってきています。唯一の被爆国である日本が、この被爆経験を人類の記憶から失われないようにするために、事実を伝えていくのもひとつの重要な使命であると考えます。無知から惨禍を繰り返さないために、世界で唯一の原爆のキノコ雲の下で起きた地獄絵図を経験した日本だからこそ、それがもたらす悲劇を世界と共有し、核を後ろ盾にしない文化的な成熟こそが、今求められている状況を強く世界に訴える必要があります。

広島で原爆に被爆した筆者の両親は、思春期の多感な年頃に、人類史上未経験とも言えるこの世の生き地獄の現場にいました。そこで奇跡的に生き延び、筆者自身も奇跡の命のバトンを授かっています。しかし生前父は、原爆の話は一切しないと断言しており、原爆資料館にも我々子ども達を連れていくこともありませんでした。多感な年頃に爆心地半径3km以内で被爆したあまりにも壮絶な体験は、生涯トラウマとなっていたようです。

そのような語らない被爆者の方々が実に多い現状も、関係者から伺っています。語り部の方々も、ある程度年月を重ねた上で語り始めたという方も少なからずおられます。悲劇を二度と繰り返さないために、語り部やそれを引き継ぐ方々の努力に深い敬意を表した上で、ここでは戦争も被爆体験もしていない被爆者の二世として、人類が平和構築のためにできる何かを探りたいと考えます。

① ニュートラルな伝え方を探る

世界に被爆の悲惨さを知ってもらうためには、ニュートラルな視点が重要になるかと考えられます。それは、被害者の視点からの話に対しては、多様な聞き手側にとってあまり耳を傾けたくなる心情が予想されるからです。世界の歴史観は多様であり、各国のナショナリズムに基づいた解釈がされがちな傾向もあり、それは歴史を紐解けば日本でも例外ではないことがよく分かります。

また、アメリカ合衆国では、原子爆弾によって第二次大戦を早く終結できたという視点での教育がなされており、一般的理解になっている面も見られます。両親が被爆者である筆者としては、ニュートラルな立ち場に徹する語りは困難を要するものの、被爆体験をした人間の、その後の事実を伝える事は必要であると考えます。原爆資料館や、それにまつわる多くの体験談や書物によって、その悲惨な状況が綴られています。それは、現実の地獄絵図の中で亡くなった犠牲者だけではなく、多くは生き延びた方々による語りです。ここでは、生き延びた罪悪感からこそ敢えてそれを語らない、語りたくても語る事ができない方々の思いについて考えてみたいと思います。

　これは、原爆に限った話ではなく、紛争や戦争の生き地獄を体験した人々にも共通する思いであろうと考えられます。人類の、人類によって引き起こされる惨禍の極限状況下に、その身が置かれた人の心について思いを巡らせる想像力が、今地球規模で求められているのではないでしょうか。

② 極限状況下における人間　二次的悲劇

　語りたくても語ることができない方々の心の中では、いったい何が起きていたのでしょうか。ここで考えてみるべき点は、突如地獄の炎の中にその身を置かれた時に、果たして人間は、人間としての心を保っていられるのか、という問いです。ここでは、文献を引用し、主観による語りを可能な限り避け、ニュートラルな視点でその点について考えてみたいと思います。

　戦争がもたらす悲劇はそれだけでは終わらず、さらに二次的な悲劇にも繋がります。人類が経験してきた様々な極限状況において、人間であることを放棄しないと生き残れないという証言が散見されますが、ここでより客観的視点からであろう新聞記者の文章からその一例を見てみましょう。

　［映画「ラーゲリより愛を込めて」鑑賞］と題されたその記事には、シベリアのラーゲリ（強制収容所）における他人のパンが問う試練について語られます。極限状況において信用されて預けられた他人のパンを、自分が生き残るために食べたい欲求との心の葛藤が描かれます。記者は、ソ連の詩人ワルラーム・シャーモフがラーゲリでの体験による文章を引用し、極限下で困難な「人

間」を保つことについて、

> 「人間性を暴力的に奪う収容所のような極限下で、痩せ細った人間の骨に残る最後の感情は『憎しみ』である。愛や友情は最初に消え、窃盗や密告は当たり前になり、隣人が死んでも何も感じない、人間としての道徳基準がどん底まで落ちた世界。[73]」

である事に触れ、そこで最後まで人間であることを放棄しないでいられるか、人間の名に値する行動を取れるかどうかを問うています。

悲惨な体験を語ることができない人々の多さは、特にその体験が多感な年頃であればあるほど、上記のような隣人が死んでも何も感じない、人間としての道徳基準がどん底まで落ちた地獄絵図の現実世界を、極限下で生き延びるために体験させられてしまったからとも言えるのではないでしょうか。

燃えさかる家の下敷きになって助けを求める家族や知人を置いて逃げるしかない状況、地面に隙間なく横たわる死体や、まだ息のあるかもしれない人々を踏まないでは逃げられない極限状況、叫び声、救いを求める必死の眼差しを振り切って自身が生き延びた状況からくる罪悪感、語るに語れない体験や見聞があったと推察されます。核や戦争は、人々のその後の日常生活に、このような二次的なこの世の地獄絵図をも生み出してしまう恐ろしさがあります。

③ 三次的悲劇

さらに終戦当時の時代には、今日のような心のケアがされないまま生涯にわたってPTSD（心的外傷後ストレス障害）を抱えてきた被爆者一世の方々も少なくないと推察されます。亡父も、仕事の話等はよくしていたものの、被爆の話はおろか、情にまつわるような世間話は苦手な面が見受けられた点からも、その影響が覗えます。筆者が子どもの頃、原爆下でも奇跡的に焼け残った父のアルバムにあった、小学校の校庭で遊ぶ友人達との写真を見て、それを指さし、

「友達？」

と聞いた際に、父はしばらく間を置いてポツリと一言、

「皆死んだ……。」

とだけつぶやきました。子ども心にも聞いてはいけない、触れてはいけないこ

とだったのかと気まずい空気が流れた当時のことが思い出されます。
　その他にも、語ることができない社会的要因も考えられます。戦後の占領下政策におけるGHQによるプレスコードもあり、被爆の話題に触れらない社会状況から、話題にするのもはばかられるような社会的空気が醸成されていったこともその要因のひとつです[74]。
　そのような状況の中で、被爆者はさらに三次的な悲劇を体験します。それは「被爆者と結婚すると子どもに放射能の影響が出る」と言われるような結婚の壁、就職の壁等に見られるような差別です。井伏鱒二の「黒い雨」にもそのような当時の状況が描写されています。これにより、被爆者でありながら、被爆者への救済施策としての被爆者手帳を敢えて取得しない方々も少なからず見受けられます。
　筆者の両親はたまたま被爆者同士であった事から、このように事態は免れたかと推察されますが、自分たちの子どもに負の思いや被爆者という立場を、社会的に背負わせたくないという思いもあったのではないかということも想像されます。また、筆者の両親とも広島の出身であり、父は仕事で全国を転勤で転々として何処にも根を下ろさず、退職後も広島に戻らなかった点からも、トラウマの現場や被爆者である事実から目を背けたかったと推察されます。
　ここで言及したいことは、核兵器がもたらす被害はこのように二次的三次的に続いていく場合もあるという事実です。結婚の際に健康診断を求められるような事は今日においても、被爆経験をした地域だからこその事実として聞かれることがあります。核による悲劇の負の連鎖は、80年近くたっても脈々と続く場面があるのです。
　それを世界で唯一被爆体験をした国の二世として、世界の歴史の表舞台には見えてこない負の歴史の事実として、記憶に留めていただくために、可能な限りニュートラルにと思いつつ、敢えて私事を交えて触れさせていただきました。これは、体験者の二世として、当事者に起こった事実を可能な限りバイアスを排除してお伝えし、市民が体験した歴史的事実を世界市民同士で共有し、未来に伝えていくように求められていると筆者なりに考えてのことです。

　日本で二人目のノーベル文学賞受賞者である大江健三郎は、その著書「ヒロ

シマ・ノート」において、被爆者の方の手紙を引用しながら以下のように語っています。

　「《広島の人間は、死に直面するまで沈黙したがるのです。自分の生と死とを自分のものにしたい。原水爆反対とか、そういった政治闘争のための参考資料に、自分の悲惨をさらしたくない感情、被爆者であるために、全てが物乞いをしているとは見られたくない感情があります。（中略）
　……沈黙することの不可を、ほとんどあらゆる思想家、文学者が口にして、被害者に口をわることを進めました。わたくしは、わたくしたちの沈黙の感情をくめないこれらの人々を憎悪していました。わたくしたちは八月六日を迎えることはできません。ただ静かに死者と一緒に 八月六日を送ることのみできます。ことごとしく、八月六日のためにその日の来るのを迎える準備に奔走できません。そういう被爆者が沈黙し、言葉少なに資料として残す。それを八月六日、一日かぎりの広島での思想家には理解できぬのは当然です》
　これは広島について沈黙する唯一の権利を持つ人々について書いた僕のエッセイに対する共感の言葉として書かれた手紙ではあるが、僕はそれに励まされながらも、同時に広島の外部の人間である自分の文章を全体に、最も鋭い批判のムチが加えられたことにも気づかざるをえない。[75]」

被爆者の切実な思いが手紙から覗えます。また人類の記憶として、それらの記録を残そうとする大江の思いや、葛藤も感じられ、それが以下のような見解に繋がります。

　「原爆症の治療に関するかぎり、それが絶対に不利であることを知りながらも、広島を去ってほかの都市に住もうとする人たちの胸の内には、自分自身の内部と外部の広島から逃れたいという意志が働いているのではないか。当然、かれらは、もしそれが可能なら広島からすっかり逃れきる権利がある。[76]」

これは、戦後20年後の状況下で出版されていますが、筆者の亡父もその一

人であり、極限状況を生きぬいた人間はそのような気持ちになる人もいる点への理解が求められているのではないでしょうか。この地球上で、様々な惨禍が起きた時に、その悲惨さを伝えたくても伝えられない当事者の気持ちを推し量る想像力が、人類に求められているのではないでしょうか。

しかし、伝えられないからこそ、その惨禍が繰り返されてしまう悪循環については歴史が示しているところです。「ヒロシマ・ノート」が出版されてからさらに60年が過ぎようとしています。ここでは、語られないまま亡くなっていった多くの方々の思いを忘れ去ることなく、人類として共通理解し記憶に留めて次世代にバトンを引き継ぐ必要があろうかと思います。これらは原爆に限った話ではなく、このような、人類によって引き起こされる戦争や紛争による惨禍の被害者達が、沈黙せざるをえない心情になる点を理解する、想像力や思いを馳せる気持ちが求められのではないでしょうか。

その中にあって、悲惨な体験をした人が、より人間らしい生を求める願いについて、以下のような記述が見られます。

> 「《被爆者の死はちょうど八月六日の広島市がやたらと政治的な発言にみちみちて、静かな喪であるべきその日が余所者の支配となりかねないように、他所の政治的発言のための資料のためにだけあるようには考えないでほしいと思う。……後遺症もなく、原爆反対の資料とされるよりも切実に、みずからの普通の人間に帰りたく思っている楽天的な、被爆者も忘れずにあってほしい。》[77]」

上記からは、被爆者の原爆による影響ではなく、普通の人間としての死を迎えたいと願う切実な思いが感じられます。その願いは叶えられないままにその生を終える方々が多かった事実が、世界や日本国内ですら、どれだけ認知されているでしょうか。爆心地半径3km以内で被爆し、その後日本人の平均寿命まで生きた亡父は、奇跡的にその願いを叶えられた数少ない人間であったかと思います。

その一方で、爆心地から10km程度で被爆した亡母からは、全身火傷で皮膚が垂れ下がり亡霊のように歩いてきた被爆者が、水を求めて川に入り、数え切れない死体で覆われていた川面の光景を伝え聞いています。「ヒロシマ・

ノート」には胎内被爆した後生まれ、大人になって結婚、出産後に亡くなった若い女性について以下のような記述が見られます。

> 「被爆した若い妻には異常児を生んでしまうのではないかという不安とともに、出産後、自分自身が原爆症を発して死亡するのではないかという不安もまた濃く存在するのである。そして、それでもなお、このハイ・ティーンの娘は恋人をえて結婚し、出産したのだった。このような絶望的なほどの勇敢さ、それは人間の脆さと強靱さに、ともにかわって、真に人間的だというべきであろうと思う。ハイ・ティーンで死んだ母親の、新しい赤んぼうが、純正な希望として成長しつづけることを祈る。[78]」

双方とも被爆者であった両親が、結婚し子をもうけるにあたって、並々ならない恐怖と決断があった上で、自らの生を受けたことに祈りにも似た感謝をしないではいられません。

戦後20年後の大江の以下の言葉から、さらにその後60年近くが過ぎようとしており、彼が鬼籍に入った今こそ、その言葉を深く受け止める必要があろうと思います。

> 「広島は人類全体の最も鋭く露出した傷のようなものだ。そこに人間の回復の希望と腐敗の危険との二つの芽の露頭がある。もし、われわれ今日の日本人がそれをしなければ、この、この唯一の地にほの見える恢（回）復の兆しは朽ち果ててしまう。そして我々の真の頽廃が始まるだろう。[79]」

この記述から半世紀以上の時を経て、その大江も既にこの世には無く、今こそ我々の真の頽廃に歯止めをかける時を迎えているのではないでしょうか。国際社会の振り子は、二回に及ぶ世界大戦の反省をもってしても、また平和から遠ざかる方向への揺れの危険性を示している現状は明白です。

筆者自身が命を授かっていることを振り返ってみると、原爆の核による数千度の熱が、街や人々を焼き尽くしたキノコ雲の下での地獄絵図のような現実の中で、生き延び、出会い、家庭を築き、未来に命をつないでくれた奇跡に思い

を馳せます。そのような一縷の希望があの生き地獄の中にもあった事実を、当時の絶望の中で命を落とされた人々に伝える術はありません。どんな地獄からも、未来につながる希望が生まれ、バトンを誰かに託せる、引き継いでもらえる可能性としての存在があり、筆者のような二世やそれに続く世代、また体験者からの話を聞いたり、読んだり、絵を見たりされた方々が、後世にバトンを渡していっていただければと願います。

朝起きたらそこに家族がいる、愛する人、大切な人がいる、今日も仲間に会える、そんな何気ない当たり前の日々こそが宝物でしょう。それを庶民同士、地球規模で共通理解して実現していくムーブメントこそ国際社会で求められています。

何気ない当たり前の生活に宝物を見出せる人こそ、授かった命に感謝し、生きて行く喜びを感じとる幸福な人なのではないでしょうか？　何かいいことがないか、空からいい何かが降って来るのを待っている人は、実はそれは自分の足元にあるのかもしれません。

大江は、キノコ雲の下の人だけではなく、その上で原爆投下に関わった人の罪悪感について以下の事実に触れています。それは、広島上空の気象報告のために、原爆機に先行した観測機の機長であったイーザリー陸軍少佐が、十二年後、テキサス州で郵便局を二つ襲撃して逮捕された事件についての記述です。

彼は精神錯乱の理由で無罪になり、その精神錯乱の要因とは、広島への罪悪感によるものだと米国復員局の精神病院の証言に基づいて、以下のように大江は記しています。

> 「陪審員たちは、すなわち人類一般は、かれを有罪とみなすことができなかった。かれらは躊躇した。それは人類一般にとって広島が、共通の罪悪感の根源であることを示している。[80]」

被爆体験者が語り部としてその体験のバトンを引き継いでもらう努力をされる中、戦後80周年を迎えようとする今日においては、高齢化による活動の限界を迎えている状況が見られます。そして、そのバトンを引き継ぐ二世三世や、話を聴いて語り部を引き継がれる方々の努力がなされています。

重要なことは、核兵器のキノコ雲の下で何が起きたのかを人類として忘却しない術です。しかし、忘却以前に知った気になっているだけで、かつて経験した生き地獄絵図をこの世にまた作り出す悲劇に繋がるという想像力の欠如が、地球規模で蔓延した時に歴史が繰り返される危機があり、もしそうなれば人類滅亡にも繋がる恐れを含んでいます。

　原水爆のような核兵器に限られた話ではなく、人類が生み出してしまう危機的な負の歴史を知り、それと向き合い、世界市民として共有や共通理解をした上で、再発防止に向けてのムーヴメントが求められています。

　つまりそのひとつが、前述の平和学者ヨハン・ガルトゥングが提唱する「積極的平和」であり、共感をもとにした協調と調和によって、構造的暴力のない世界の構築です。

　世界で繰り返されてきたジェノサイド、日本の関東大震災における朝鮮人・中国人の虐殺等からも、普通に暮らしている日常は善良であるはずの人間が、非日常の状況下でそのような残虐行為をしてしまう側面をもっている点について考えざるを得ません。

　前述のように、他者への不寛容、偏見、憎悪、無関心等「文化的暴力」が、差別のような「構造的暴力」を生み、それが戦争、紛争、虐殺といった「直接的暴力」へと繋がる危険性を孕んでいます。そこに繋がる暴力の種が人類の心の底にある点を自覚し、それに向き合っていくことが求められます。

　不安を煽るデマやフェイクニュースがSNSを通して世界にあふれています。それに踊らされる状況で起きる上記のような人類の負の歴史を繰り返さないための共通理解が望まれます。

5．課題解決に向けて学術的視点での模索

（1）文化的存在としての人類

　人類が動物と大きく異なる根本的な違いは、文化的存在であるという点は前述した通りです。食べていく為にその日を生きる野生動物とは違い、火を使い、あらゆる道具や衣服や家を作り、身を寄せ合って集団で生きるサバイバル術を身につけてきたのが現生人類です。そこからさらに文化的存在となっていったその根源的なところに立ち返ってみる方法で、今日の多様な国際社会に共通す

る本質的なところを探ってみます。本章では造形美術的視点に立って論を展開してきている流れから、人類が文化を形成し始めたところに着目してみましょう。

そこで、まずはラスコーの壁画のような、世界中で散見される洞窟に描かれた壁画がどのように生まれてきたかを探ってみたいところです。人類と神の項で触れた通り、現生人類の脳内に起こったビッグバン的な変化によって、流動的知性が脳内で流れ出すことで妄想する生物となり、超越なる存在と出会い、スピリットや神話的思考、宗教的思考を生んできたとされる経緯を見てきました。そのような視点から、人類について考察する「芸術人類学」を見てみましょう。これについては、

　「心の働きのおおもとの部分に論理的矛盾を飲み込みながら全体的な作動を行う『対称性』と呼ばれる知性の働き」

に着目し、「対称性人類学」とも呼応しますが

　「ヒトの心の働きを探求する為の方法として展開し、心の活動を一貫した視点から再編成し直してみようという実践的なサイエンスの構築。[81]」

とされています。

暗い洞窟の中は禁足地であり、イニシエーションを受けた大人の男だけに許されていた聖なる場所とされていました。現生人類の脳内で、分離されていた各領域がニューロンで繋がる変化で流動的知性が動き出し、心の動きがひとつに繋がり、比喩や象徴を生み、超越性への衝動が動いていたとされる点に関しては、人類と神の項にて触れた通りです。

そこでは、比喩や象徴から心の内面と、外界の現実との対応関係が見出せないイメージや思考、過剰な妄想が生まれました。その点に関して、

　「狂った生物である人類だけが宗教と芸術を生む」

と言及されています。また洞窟内の暗闇に長時間いることで視神経が振動し眼の内部から光が出てくる現象としての「内部視覚（エントプティック）」が起こることで、

「流動する心を直接的に映し出し、洞窟で、自分たちの心の本質をのぞきこんでいた。」
「心の本質をつくっているのは、*論理の構造ではなく流動的知性によって働く高次元な思考*。」
として、始まりの芸術の発生へと導かれます[82]。

　芸術人類学より、このような現世人類としての立ち位置を再確認すると、そのスタートは芸術から文化的存在へとなってきた経緯が見えてきます。我々人類のDNAに組み込まれている始まりの記憶を取り戻すために、その本質的理解に至るツールや触媒として芸術の有効性が浮かび上がってきます。現生人類の脳の構造と同様に、芸術はそれを繋ぐニューロンを流れる流動的知性のような役割を果たしているのではないでしょうか。芸術によって他領域と繋がる、あらゆる文脈を越えて人類としての本質的理解へとジャンプできる可能性が浮かび上がってきます。流動的知性が動き出した変化で始まりの芸術の発生へと導かれたように、その芸術そのものが、流動的知性のようにあらゆる異領域を繋ぐ可能性は大きいと考えられます。異文化間に通路を作り、自由に往来する可能性が見えてきます。

　原初の洞窟内での状態を見つめ直してみると、そこでは心の内部をのぞき込み、妄想をし、壁画を描き、シャーマンによって超越の存在や宇宙との交信を試みていました。そこでの超越性の発生から宗教へと繋がった点は前述の通りですが、芸術もまた同様に人類の文化の礎となっていったのです。

　同じルーツを共有するために、改めて人類の根源に立ち返るためのツールとして芸術は重要です。本章では、国際協力の造形美術を切り口に、日常やローカルな生活世界における国際理解、異文化間理解へと繋げていきたいところです。

　近代科学以降、欧米的な経済発展をモデルとした国際協力や経済活動が続いてきましたが、その行き詰まりや地球そのものの環境への配慮の必要性から、SDGsの目標が示されています。芸術人類学の考え方では、かつての人類は、エレガントに自然と交わっていたとされます。しかし、経済発展や近代文明を推し進め、地球環境や自然は、破壊的に野蛮な扱いを受けてきた点が指摘

されています。

　同様に、憎悪が憎悪の応酬を招く国際紛争でも同様のことが言えるのではないでしょうか。エレガントに異文化と交わる姿勢が求められます。たき火を囲んで同じ火を見つめながら一緒に作った料理を共に食し、語り合い、歌い踊ることで、現生人類としての原初の自分が目覚めていくかもしれません。一緒にどろんこ遊びから焼き物へと繋げる、手による物づくりや、石を磨く等の作業は、時を忘れて没頭させられるものであり、それは人類としての本能へと直結されるからではないでしょうか。

　芸術に触れる生活によって神話の時代の現生人類のように、宇宙の摂理に身をまかせ、揺蕩う感覚が呼び覚まされるかもしれません。心地良く身をまかせて揺れれば、宇宙は歌やリズムやハーモニーで満ちていると思い出すかもしれません。鯨の鳴き声は、まるで宇宙のリズムに呼応しているかのような印象を受けます。心の奥底の引き出しにしまわれていた人類としての記憶に触れることができる可能性は、芸術にあると示してくれています。

（2）比較文化的視点

　前述の文化人類学のくだりで比較文化学に触れましたが、ここではその比較文化的視点による「自文化の相対化」について考えてみたいと思います。多様性を受け入れるために国際社会において一致団結は求められないことは、これまで述べてきた通りです。そこで、世界で納得のいく不一致点を探り合うために、本項では比較文化的視点にフォーカスしていきます。本書が扱う国際協力のみならず、国際理解、異文化間理解、果ては人間同士の相互理解の為のひとつの切り口として、比較文化的視点がその有効性を発揮できるのではと考えられるからです。

　筆者は、勤務する大学院においてデザインの造形的視点による比較文化的思考を採り入れる授業を担当しています。人類が創り上げてきた全てがデザインされたものですから、あらゆるものをデザインの比較文化的視点で考察してみると、興味深い点が浮かび上がってきます。勤務先の大学院生は多くが外国人学生になりますが、西洋的な発想によれば、自然のNATUREに対して人間が創り出した人工物はARTと捉えられ、美術館にある芸術品のみがARTではな

いことに気がつきます。人類は火を使い料理をし、土器を作り、衣を身にまとい、洞窟に壁画を描く活動で、他の動物とは違う文化的存在となり、それが今日に繋がって来ています。ARTとはこれら人類の衣食住に始まる生活文化そのものであり、我々人類の歴史は文化的創造の歴史でもあり、時代や地域等の文化的背景によって様々な違いが見られます。

　比較文化による方法論として、多様な視点から対象を比較考察する手段を身につけるために、毎回、テーマに基づき自分なりの視点で、デザインの違いを生む背景や要因等について造形的視点から考察し、プレゼンテーションや議論をしていきます。そこでは比較文化論的な視点で検証・考察しながら学術的な論理の展開や議論を通して学んでいきます。

　比較文化は、その入り口として違和感から入る方法が多く見られます。これは人類学的視点とも共通する部分があります。例えば動物をテーマに設定した場合、某かの興味ある動物にフォーカスしてそのデザインの違いについて着目し、比較文化的視点で学術的に探る方法論を実践的に学んでいきます。

　ここでは一例として、猫にフォーカスしてみましょう。猫をモチーフにしたデザインは、アニメーションだけでも国内外で数多く挙げられます。その猫が演ずる役割が作品によって多様性に満ちています。それらは、文化的、歴史的、民俗学的、気候風土、宗教、……様々な違いが見られます。

　様々なアニメや映画、物語、絵画彫刻その他において、猫のデザインが取り上げられます。その中で四大文明のひとつである古代エジプト文明にフォーカスすると、女神であるバステトは猫の頭部をもつデザインとなっています。その一方で、中世ヨーロッパにおいて、猫は魔女と悪魔の間を結ぶ使いと考えられていました。また猫は自由に姿を変えるとも考えられており、映画「ハリーポッター」シリーズの第1作においてもそのようなシーンが見られます。この考え方に基づき、中世ヨーロッパでは多数の猫が、魔女裁判で魔女とされた人間と共に大量に火あぶりにされてきた歴史があります。

　ここで、造形的視点に基づいて、このような違いはどこから生まれてくるのだろう、という問いを生むところから始まります。同じ人間が猫をモチーフにしながら、女神としてあがめられたり、悪魔の使いとして火あぶりにされる違いに着目し、その要因を探ります。地理、歴史、気候風土、宗教、民族、政治、

経済、文化的背景等をはじめとして、仮説を立ててそのデザインの違いを生む要因を考察し検証していきます。
　農業の発達により定住化、都市化が進み文明を築いてきた歴史は他の古代文明にも共通するところですが、その上で作物を食べてしまうネズミを捕まえる猫との関係性が浮かび上がります。古代エジプトにおいては野生の猫の家畜化に成功し、様々な経緯を経て神格化へと進んでいった経緯が分かります。その一方で、中世ヨーロッパでは、猫は瞳の形がいろいろに変わる、夜になると目を光らせて闇を忍んで歩くと言われたり、スカンジナビア神話の愛の女神フロイアの乗った戦車を猫が曳いていたとされ、キリスト教教会はヨーロッパから異教のシンボルを追放しようとした[83]等が、その一考察や仮説として浮かび上がってきます。
　このように各自の興味関心から、問いを生み、違いを生む要因の探究を楽しみ、問いを広げたり深めたりして、学術的に探究し議論しながらエビデンスを得る方法や、大学院生としての研究の視点や作法を学んでいきます。比較文化で重要な点は、比較する過程で自文化を相対化し見つめ直すことにあります。自分にとっての当たり前にクエスチョンマークをつけ、比較文化を通して、ニュートラルに異文化について考える道具をつくるやり方で、異文化間理解を促進し、他者理解や新たな視点による自己理解を目指します。
　さらに、人類の文明をデザインの視点から切り込み、比較文化論として違いを生み出している諸要因を考察する一方、共通する事柄や人類としての本質や普遍性を探究し、人類に通底する本質的理解へと繋がることを目的としています。
　これらは、世界における納得のいく不一致点を探る一助としても、有効性を発揮できる可能性を秘めています。相手の文化へのリスペクトと共に、違いを生む要因までを深く理解すれば、なるほど同じ人間として自分もその状況下に身を置けばそうなるであろう、という本質的理解や、納得のいく不一致点を探る一助となる可能性も期待されます。
　しかし、それは何も大学院教育レベルでなくとも、発達段階に合わせさえすれば可能となります。例えば「長靴をはいた猫」にフォーカスして、世界における絵本やアニメやイラストを比較するだけでも、同じ話であっても造形的な

多様性が浮かび上がってきます。日本国内でも、縁起の良い招き猫もあれば、その反対の化け猫も見られ、多様性が覗えます。発達段階に合わせた興味関心から、某かにフォーカスし比較し考察していけば、様々な展開や学びが考えられます。想像上の生き物である龍が、中国では王の象徴としてデザインされる一方、西洋では聖者に退治させられる悪の化身としてのドラゴンとして表されるように、何かにフォーカスしてその違いを生む背景を深く考えてみれば、各自の興味関心から深い学びへと繋がる可能性を秘めています。

　比較文化論は、違和感からスタートすることもある点は前述の通りです。例えば食のデザインについて問いを生む場面では、中国人学生からは主食の餃子をおかずとする日本の餃子定食に対する驚きや、「天津に天津丼はない」「なぜスイカに塩を？」等、様々な問いが話題に挙げられます。違和感からスタートし、問いを生み、その要因を生み出している様々な背景について調べ、議論する過程で、各々の自文化中心の考え方を相対化し、異文化間理解へと繋げられればと願うところです。

　また日本では、犬型ペットロボットを捨てられずその集団ペット葬が行われているお寺がありますが、それに対して海外からは「プラスチックと金属でできた生き物ではないことを知るべきである。」等の意見が寄せられる時もあるようです。そこには、人形にも命を感じる日本の文化的背景からの人形供養、モノにも命を感じ、モノへの感謝をする針供養等の日本の文化的背景等、比較文化論的議論がなされれば、違和感からスタートしながら納得のいく不一致点を探るきっかけへと繋がる可能性があるのではないでしょうか。

　犬型ペットロボットを愛用していた筆者の母が亡くなった後に、内蔵されたSDカードから、ロボットに向けた笑顔の母の画像が数多く撮られていたのを見た際には、母にとって単なるモノでは無かった点がよく分かった次第です。既に充電しても動かないのですが、未だに我が家でじっとしています。

　前述のように、違和感を違和感のまま、みんな違ってみんな良いとしつつも、実のところは無関心で話題にもしない姿勢から分断が生まれてくる可能性があります。身近な生活で感じられる違和感から、それぞれの背景や思いを理解していくためには、自己中心的であったり、自文化中心主義的な発言では分断を深くする危険性も出てくるため、比較文化論的な相互に相対的な土俵に乗せて

語り合う場面設定が必要となるでしょう。

　筆者がかつて国際協力のスタートとして活動したパラグアイでは、彼らの時空の捉え方のスケールの大きさを常日頃感じていました。それが何故だか分からないながら、納得できた瞬間があります。
　ある夕方食事をとっていると、近くの町で国際協力活動をしていた仲間がバイクに乗ってやって来ました。
　「今、UFOらしきモノがあちらの方角に落ちるか着陸するかに見えたから行ってみよう。」と言うのです。南米大陸では、真偽の程は不明ながら、そのような目撃情報が寄せられる地域ではありましたので、半信半疑で彼のバイクの後ろに乗せてもらい向かいました。町を離れれば電気もなく、真っ暗な大平原を突っ走ることになるのですが、その日は満点の星で、地面すぐ上には蛍が乱舞していました。バイクの後部座席で前がよく見えない筆者は、星と蛍の区別がつきにくく、宇宙映画でワープする時に星が後ろに流れていくような、まさしく宇宙そのものを飛んでいるかのような錯覚に陥りました。
　その時に筆者の中で合点がいったのです。そうか、彼らは日常生活で宇宙を感じていたんだ、と。宇宙との一体感を味わう感性のアンテナを、我々は本来もっているはずです。
　子どもの頃に、アポロ11号の月面着陸のTV中継を食い入るように見た記憶が蘇ります。アームストロング船長の見た月面からの宇宙の眺めのように、地球にいながら、日常生活でも宇宙を感じていたんだろうな、と自分が体感して初めて気がついた次第です。
　結局、その時はUFOも宇宙人との遭遇もなく引き返したのですが、この経験は数十年たった今でも奇跡の記憶として深く刻まれています。しかし、もし仮に我々がそこでUFOを発見し、宇宙人と遭遇をしたとしたら、「アッ！宇宙人だ！」と叫ぶ我々を見て、彼らも彼らの言語で全く同じ台詞を言うであろうという愉快な想像も生まれます。確か子どもの頃にそんな小噺があった気がします。自らを地球人と信じて疑わない自分は自文化中心主義の視点からそう思っているだけで、地球を宇宙にまで相対化して見直してみれば、自身も宇宙人の一人であるというメタ認知的な気づきにも繋がります。

アームストロング船長が、月面から眺めた宇宙に浮かぶ奇跡のような青い星、地球を愛おしく眺めた視点と心を想像し、共にそこに住む仲間として相互のリスペクトを保ちながら何とか共存していく道を探りたいものです。日本画家である東山魁夷に「風景との対話」という著書がありますが、魁夷のように日々の暮らしの中においても風景との一期一会の出会いから、深遠な何かを感じ取れる感性や心の余裕を忘れずにいたいものです。そんな造形的視点から、人類に通底する本質的な共感や理解へと行き着く道が開けるかもしれません。

（3）構造人類学の視点

　「4（2）なぜ人類は戦うのか」の項で文化人類学の視点から考察させていただきましたが、ここではその関連として構造人類学について触れたいと思います。構造人類学の祖レヴィ＝ストロースについては、本書でも神話学のくだり等で、何度か前述させてもらいました。あらゆる現象を言語学的構造から解明する「構造主義」を唱え、近代以降の欧米中心の文明を絶対視する「自文化中心主義」を厳しく批判した点は、比較文化論の項で触れた通りです。フィールド調査で出会ったアマゾン川流域の先住民族たちの、想像をはるかに越える豊かな世界や、文明社会に匹敵するような精緻で合理的な思考の存在について明らかにした「野生の思考」等の著作はあまりにも有名です。

　彼は、そのフィールド調査や神話学等から得た様々な深い知見から、西欧近代科学や合理性の呪縛、自然と文化の間を分離する近代西欧的思考に慣らされてしまっている現代人に対して警鐘を鳴らしています。「野生の思考」こそ、科学的な思考よりも根源にある、人類の普遍的な思考であることを伝えています。

　近代科学的な思考によって、人類は飛躍的な発展を絶え間なく続け、それが今日に繋がってきていますが、その科学の発展は我々の住む母なる星である地球の環境破壊を続け、現在SDGsが叫ばれる状態を迎えています。

　そのような人類の歴史を振り返り、その発展の過程でどこかに忘れてきた某かを思い出させてくれる経験が、多くの国際協力実践者から報告されています。かつて国際協力は、途上国に対する先進諸国による援助や開発という考え方で始められてきた経緯は前述した通りです。しかし、持続可能な発展が求め

られる現在は、むしろ、かつての人類本来の感覚を思い出させてくれるひとつの手段として、国際協力はその有効性を認識できる側面をもっています。特にJICA海外協力隊は、現地の人々の生活の中に入っていきながら、共に暮らし活動をするスタイルから、文化人類学者のフィールド調査に類似した学びが多く得られることが、報告書から浮かび上がってきます。SDGsの時代を迎えた今日、国際協力の派遣先からこそ学んでいく姿勢が地球規模で求められていると言えるのではないでしょうか。

　レヴィ＝ストロースは以下の言葉を残しています。

　　「結局のところ人間の心は宇宙の一部にすぎないのですから、秩序を見出そうという欲求が存在するのは、多分、宇宙に何か秩序があり、宇宙が混沌ではないからでありましょう。[84]」

（4）右脳と左脳

　現生人類の脳内で起きたビッグバン的な変化により、人類が文化的存在となっていった経緯から、ここでは右脳と左脳という視点に立って考えてみましょう。

　篠浦は脳外科医の立場から、右脳（人間の心）が置いてきぼりになっている点を指摘しています[85]。脳と心の関係からの人間学として、

　　「現代は電脳社会で左脳に偏った社会であり、左脳（科学技術）に右脳（人間の心）が追い付かない状況。」

とし、脳外科医の立場から、

　　「左右の脳のバランスが崩れることで、精神のバランスが崩れる。」

と警告しています。その状況は、不登校や引きこもりをはじめ、子どもから高齢者に至るまで現代社会が抱える大きな課題となっているところは周知の事実でしょう。心のケアが求められる中、篠浦は、

　　「困難な状況から救うのは知識ではなく、感動や人を思う心であり、私心

にとらわれず、『公』を考えることが、脳に新しい回路を開き、『志』を持つことがストレスを乗り越える脳を作る。」

と指摘しています。国際協力の視点から、日常生活における公を考えることの大切さを本章で展開しているところですが、そのことが何より自分自身の精神にとっても良い影響がある点を説く、脳外科的視点からの指摘には耳を傾ける必要がありましょう。

多忙で複雑な現代社会生活で、明日何が起きるか分からない、予測不可能で不確実性のVUCA[86]と言われる時代を生きる我々は、篠浦が指摘するような、電脳社会で左脳に偏った状態であることは明白で、さらにそれが言及された2000年代初頭からの加速度的変化は目まぐるしく、その後、世界は新型コロナによるパンデミックや、ロシアのウクライナ侵攻を経験しているところです。

そこで左脳から右脳へシフトしつつ、右脳と左脳の往還をバランス良くしながら日々をやり繰りしていた、人類の本能重視への回帰が求められるところです。我々人類は、手によるモノづくりへの喜びから、手による思考を経て文化的存在としての人類へと進化してきた生物です。

デザイナーや造形教育者としても大きな足跡を残してきた勝見は、アリストテレスの「手は道具の道具、器官の器官である。[87]」を引用し、手による思考の重要性の論を展開しています。

人類の文化は手による物づくりから始まり、衣食住、狩猟や料理の道具、土器、かまどを作り、火をおこし集団で助け合う方法で危険から身を守り、文化的存在となっていった原点を、今一度思い起こす必要があります。さらに、生きるための生活のみだけではなく、洞窟に壁画を描き、石を磨いて玉を作り、芸術を生んでいきながら今日に繋がる文化や文明を築いてきました。

本節でも触れてきた中沢による芸術人類学的視点による

「洞窟内での体験と、密接に結びつきながら生まれた芸術。」

からも、その重要性が確認できます。その上で

「心の本質をつくっているのは、論理の構造ではなく、流動的知性によっ

て働く高次元な思考。」

から、論理の構造を司る左脳への偏重から脱し、さらに高次元な思考へと質を高めていく必要性が確認できます。さらに、

　　「対称性の論理というのは、一般に右脳に特有の働きであり、非対称的な思考は左脳が司っていると言われており、人類学は近代世界で急速に失われてきた右脳と左脳の働きのアンバランスを正して、人類に右脳と左脳のバランスのとれた『バイロジック』を実現しようとしてきた学問であると考えることもできる。[88]」

との言及が見られます。

　そこで我々は、右脳を活性化させながら左脳との往還によって、アンバランスを正しながら人類本来の状態へと、スパイラル的に思考の質を高めていく方向性を目指したいところです。脳内のビッグバン的構造変化により言語を獲得してきた人類ですが、あらゆる現象を言語学的構造から解明する「構造主義」を唱えたレヴィ＝ストロースは、フィールド調査で出会ったアマゾン川流域の先住民族たちの、想像をはるかに越える豊かな世界から

　　「文明社会に匹敵するような精緻で合理的な思考の存在。」

であることを確認しています。

　　「現代社会の近代以降の欧米中心の文明を絶対視する『自文化中心主義』。」

を厳しく批判しつつ、

　　「『野生の思考』こそ科学的な思考よりも、根源にある人類の普遍的な思考。[89]」

と説きつつ、西欧近代科学や合理性の呪縛、自然と文化の間を分離する近代西欧的思考に慣らされてしまっている現代人に警鐘を鳴らしたことは世界が知るところです。それから既に半世紀近い時が流れていますが、世界は改めて彼の主張に耳を傾けるべき時が来ているのではないでしょうか。

2030年を達成目標とされているSDGsは、まさに「野性の思考」に基づいて、かつての人類が普通にやっていた生活を大切にすべきであろう、とする側面をもっています。その意味からも、国際協力のドナー側が、その協力現場において相手から学ぶべき生き方・考え方を見出していくことこそ、地球規模で求められているのではないでしょうか。それは、国内においても、都市部における効率性を重視した地域の人の繋がりが希薄な生活と、利便性や効率性よりもスローライフを送る田舎暮らしの中で、地域の人々の繋がりが残る生活にも同様の状況が見出せるのかも知れません。都市部の不登校の子どもが山村留学によって自分自身を取り戻していくような事例は、数多く報告されています。

　右脳と左脳のテーマに関する言語の視点からの考察は、ルソーによる「言語起源論」において、以下の点[90]が言及されています。

- 最初のことばは比喩的なものであった
- 言語の本質は情念の表現であり、ことばの最初の発明の由来は欲求ではなく情念であった
- 欲求が最初に身振りを語らせ、情念が最初の声を引き出した
- 人はまず考えたのではなく、まず感じたのだ
- 言語と音楽の起源は同一
- 最初の人類は詩と音楽で語り合っていた

　これらから、我々の先祖たちは考えるより感じ、情念が声を生み、比喩的な言葉が語られ、詩と音楽で語り合い、そのように文化的存在となってきたと考えられます。これは、人類に共通する原初的で普遍的なものであり、我々の心の奥に通底する、野生動物とは大きく違う文化的存在としての重要な点です。

　ここに、今日の分断された国際社会が抱える課題の、ひとつの重要な側面が浮かび上がってきます。それはルソーの言葉を借り、裏返してみれば、「感じるのではなく考え、政治や経済、宗教や民俗等のイデオロギーで、比喩的ではなく論理的に主張し合う方法で、相容れない分断を生んできている国際社会状況」が見えてきます。さらにそれは、国家や政府等の指導者レベルによってその分断が増幅され、外敵を想定することで、国内の自衛のための聖戦という名

の下で、戦いへのムードを醸成していった経緯となり、歴史上多くの戦いが繰り返されてきたひとつの要因となっています。

　それを繰り返さないために、国際間における納得のいく不一致点を見出す方法のひとつとして、我々庶民が同じ世界市民として、考えるより感じ、情念から声を生みだし、比喩的な言葉で、詩と音楽で語り合い、文化的に、本質的に共感を生んでいくゆるやかな繋がりが求められています。つまり、ARTによる交流からの相互理解です。そのARTの一分野として、言葉を越えて心の奥底で通底する本質的な理解への架け橋となる造形美術の必要性について拙論を展開してきているところです。

　国家間の戦争を主導する立場にある者が、左脳の論理だけで思考し、右脳を働かせず人の心を失った状態としか思えない判断が、大きな不幸に繋がる事例は、多くの歴史を振り返ると枚挙に暇がありません。日本でも特攻隊や731部隊等、第二次世界大戦中の多くの事例が挙げられますが、アメリカ合衆国においても前述した原爆以外にも、「マクナマラの誤謬[91]」が知られています。

　これは、紛争下における複雑な状況の中、データ分析の数値指標だけに頼り、大局を見失う過ちの歴史的事例として伝えられています。この言葉は、ロバート・S・マクナマラ（Robert Strange McNamara）という、アメリカ合衆国のベトナム戦争時の国防長官が由来となっており、ベトナム戦争で敗退した諸要因の内のひとつとして言及されています。

　マクナマラは、ベトナム戦争に勝利するため、敵の戦死者数「ボディカウント」を成功の尺度とするデータ分析を駆使しました。しかし、ベトナム人の愛国心やアメリカ市民の反戦感情等の、数値では計りようもない諸要素には目を向けず、数値指標だけに頼り、大局を見失い、膨大な犠牲者を出す泥沼の戦争に繋がったとされています。また、ベトナム人の死者数の多くは民間人であったとされ、非倫理的・非人道的だという点からも批判の的にもなりました。

　これも、左脳の論理だけで、人の心や情念を司る右脳を考慮しない思考による、人類史上における悲劇を生んだ端的な例として捉えられます。また、戦争を指揮する側の人間にとって勝利のみが優先され、国民の命や暮らしの大切さが見えなくなってしまい、人としての心が失われてしまう、戦争がもたらす普

遍的な怖さも浮かび上がってきます。

　このように、人の心を失った状態で国家指導者たちが勝利のみを追求する戦争によって犠牲になるのは、紛れもなく市民です。また、戦う兵士は、家族にとって親であり子であるというシンプルな事実を、改めて世界市民として共有する必要があります。ましてや兵士でもない日常生活を営んでいる市民に対して原爆を投下するような歴史的悲劇が二度と繰り返されてはならない点を、国際的に共通理解されるよう祈念します。戦争は、人類が人類を殺戮するために計画実行される人災であり、それが正当化されるという狂気を孕んでいます。G7 Hiroshima サミットに参加した各国代表や、取材に当たった各国メディアが、世界の歴史上の負の記憶を繰り返さないために努めてくれるよう切に願います。

　世界の歴史上、いつの時代も争いが絶えた時はなく、人類史上国家の誕生以来、それらの戦いは庶民からではなく、為政者によって始められていることからも、世界市民として我々は改めて学ぶ必要があります。その為には、国家や民族や宗教等の文脈を越えた、庶民レベルでの共通理解を地球規模で確認できる某かの仕掛けが必要となってきます。

　二つの大戦の反省として誕生した国際的な平和構築のための組織であるはずの国連が、残念ながらロシアのウクライナ侵攻に際しても、それを未然に防ぐことや解決に向けても十分な役割を果たせていない点は世界が知るところです。

　そこで、戦争の抑止力として直接的な可能性は望めないまでも、側面的な仕掛け作りとして、それぞれの納得のいく不一致を探るために、造形美術の可能性を探りたいところです。

　ここで、先にも触れた、右脳と左脳という視点に立って、都市計画にフォーカスしてみましょう。都市計画家や建築家であるクリストファー・アレグザンダーはその著書「形の合成に関するノート／都市はツリーではない[92]」において、「パタンランゲージ」を導いた原論と、ダイヤグラムを用いて都市の構造に関するデザイン論を説き、以下を明らかにしています。

・*計画的につくられた人工都市は、ツリー構造*
・*長い年月にわたり自然に創りだされた自然都市は、セミラチス構造*

・人工都市の計画は人間の思考方法によるが、様々な要素が複雑にからむ自然都市は変数が多く、単純なツリー構造では解決できないセミラチス構造

　人為的設計による人口都市は、機能を重視する固定的ツリー構造となっている点を指摘しています。その一方、長い年月をかけて自然に創りだされた自然都市は、複雑なセミラチス構造で（セミラチスとは、各要素間で多様な結びつきを可能にする網目状の構造を意味しています）、多義的なネットワークによって機能する構造となっている点を図解で明らかにしています。

　つまり、左脳による論理で構築され機能的につくられた人口都市には、右脳をもつ人間の心が馴染みにくい要素があり、自然都市のような出会いや人の繋がりが生まれにくい状態を、その構造的な対比で示しています。それは世界においてもニュータウンと呼ばれる地域と、昔ながらの様々な店や市場等が入り組むような、狭く雑然とした場所に、何故か人が魅力を感じて集まる傾向があることは理解されやすいのではないでしょうか。近年の日本の都市部の駅前再開発でも、なぜか昔ながらの「〇〇横町」といった戦後の闇市的な名残を感じさせる雑然としたエリアを残し、新たな店舗もそこで展開されていくケースがある面からも納得がいくところです。

　結局、我々人間や社会や世界は、科学や左脳の論理だけで構築されてはおらず、元々成り立っている拠り所として、前述のルソーが語るところの、考える前に情念や感じる心があり、論理ではなく比喩的表現から始まり、詩と音楽で語り合っていたような、右脳の働きがある原初を再確認する必要がある点が浮かび上がってきます。

　上記から、今日の複雑な国際社会が抱えた課題に向き合うためには、深い思考が求められるところです。その点に関しては、文部科学省の学習指導要領でも言及されています。その深い思考に行き着くためには、まずは知るところから始める必要があるでしょう。ニュースやネットで伝えられる断片的なイメージから、「分かった気になる」事が如何に多いかは、現代の世界が抱える課題のひとつです。無知が差別に繋がり、分断を生むひとつの要因になる点は前述

した通りです。
　まずは知るところから始める点に関して、学びについて奥村と西岡は、

　「深い学びは、深い問いから。」
　「論争的で探究を触発し、一問一答で答えられるような断片的知識ではなく、本質的な問いの設定と概念の構築。」

を提唱しています[93]。そのような本質的な問いから、論争的な探究が触発されることで、概念が構築されるような深い学びが行われ、相互理解や納得のいく不一致点を探ることが、世界で求められています。

　学びの上で、右脳と左脳の往還や、見方を広げたり重要な点にフォーカスし、個の考え方を深めたり議論による多様な視点で広げたり、思考のステージをスパイラル的に質的に高めていくことが求められるところです。古代ギリシアにおけるアゴラのごとく、世界市民広場が世界のいたるところで創られ、納得のいく不一致を探り合い、本質的な理解向上が具現化される必要があるでしょう。その際に、世界共通言語としてのARTが有効となるはずです。共に歌い踊り、造形美術を通したギャラリートークや、参加者に新たな視点や変化を生む現代アート等が期待されます。言語化できないような様々な文化的背景による感覚も、心で受け止めることができるかも知れません。
　前著「ART×国際協力―世界中に風を通す扉を―」において、パラグアイで筆者が学生達と一緒に夕暮れの太陽を眺めていた時に、「沈んだ」と感じた筆者に対して、「地球が回った」と感じとっていた彼らへの驚きについて触れました。同じ太陽を眺めながら、五感を最大限に活かし右脳と左脳の往還で、全身で感じとっていた彼らに比べ、知識としての自転を分かった気になっているだけで太陽が沈んだと思う筆者は、国際協力を通して派遣国の人々から学ぶ必要性を痛感し、それは数十年を経た現在にも繋がっています。

　神の誕生のくだりで触れましたが、かつての人類が生者と死者が繋がり、スピリットたちが住む世界との繋がりを、中沢はメビウスの帯の構造に例えています。本項では右脳と左脳の往還の必要性にフォーカスしてきましたが、これ

も類似の構造と捉えられるのではないでしょうか。表と裏が繋がったメビウスの帯のように、人類は右脳と左脳の往還を繰り返しながらサバイバルをしてきたはずです。五感で感じ、類似の経験を通して推論し予測し、常に右脳と左脳の往還を最大限に駆使する方法で今日まで生き延びてきたのでしょう。現在はあふれる情報に心が疲れ果てた状態でその感度が鈍っていますが、我々の先祖は優れた五感のアンテナから第六感を身につけ、危険な世界でサバイバルしてきたはずです。それが科学の飛躍的な進歩と共に、左脳の合理的論理の追求で見えなくなってしまう一面もあり、合理性や利潤追求のあまり人類が陥りやすいトラップがそこにあります。現生人類が本来もっていた力は我々の脳の中にまだ存在し、その扉が再び開かれるのを待っているかもしれません。SDGsは、そのようなところへの再認識に立ち返る可能性を秘めているのではないでしょうか。

　人類は、科学の進歩と共に失ってきたものも大きいようです。国際協力の活動現場からの造形的視点からの考察によって、国際協力の現場の学びにその鍵が隠されている場合が散見されます。しかし、その科学の起源は1万年以上前の狩猟採集時代にあるという見解があります。

　　「人間は日々命の危険に脅かされていた。経験を通してより多く得られるパターンを見つけ出し、未来を予測してコントロールする知恵を獲得していった。これが科学の原点である。科学では不確かな段階だとそのパターンは仮説。少しでも確からしさが見込まれると理論、確実になると法則と呼ばれる。[94]」

　つまり、「野生の思考による科学」ということになりましょう。野性の思考による科学の再認識によって、左右の脳のバランスの整った考え方が必要な時かもしれません。

6．平和への糸口を探るための造形美術の可能性
（1）見えない敵と対峙するための造形美術

　2020年以降の新型コロナウィルス（COVID-19）によるパンデミックの数年を、世界は新型コロナウィルスの存在と向き合ってきました。しかしかつての

人類は今日のように電子顕微鏡でウィルスの姿を見ることもなく、死をもたらすペストのような見えない疫病の恐怖に怯えながら共存してきた歴史の側面もあります。疫病のような見えない恐怖と対峙してきた人類は、知識も情報も今よりずっと少ない時代にどう向き合ってきたのかという点にフォーカスし、造形美術の可能性について考察してみましょう。

　日本では、新型コロナウィルスの流行中に、長い髪と嘴、魚のような鱗をもったアマビエの図像がお守りのようにもてはやされたことは記憶に新しいところです。アマビエは弘化3年（1846）のかわら版『肥後国海中の怪』に登場する妖怪がその起源と言われています[95]。

　日本では、目に見えない恐ろしいものと対峙する方法を、祭り、絵画、彫刻、音楽、和歌、あるいは祈りというような形で生み出し、それと闘うというよりはむしろ共生してきた歴史が見られます。

　聖徳太子ゆかりの法隆寺金堂の本尊である国宝釈迦三尊像の背後にある蓮弁形光背の裏面には、「聖徳太子の病気平癒を王后王子らが願い、しかしお亡くなりになったので、太子の往生を願い造った」との旨の内容が記されています[96]。

　日本三大祭のひとつである祇園祭も、疫病退散を祈願した「祇園御霊会（ごりょうえ）」が始まりで、その歴史は平安時代にまで遡るとのことです。美しいものの背景にはそれを作りだした願いの大きさ、ひいてはそのモチベーションとなった「もしかしたら死んでしまうかも……」との社会不安がその根底に見られます。日本では人の生を支えてくれる神仏のサポートとして、疫病と共存するための造形美術が発展してきた側面が見られます。

　福島県会津若松市の郷土玩具として有名な「赤べこ」は、赤く下塗りした牛の型に、黒の斑点と白の縁取りを絵付けした張り子人形です。その起源は「厄除け牛」や「幸運の牛」と呼ばれ、魔除けや疫病除けのお守りと言われています。疱瘡の流行から赤べこ伝説の牛が身代わりになり、病気から守ってくれるという願いを込めて、病が治った時の模様が黒と白絵付けで表現されています。

　造形的な視点で解釈すれば、多くの念仏絵等の絵巻物に登場する鬼も、見えない疫病という存在を疫鬼として視覚化、擬人化し、それを念仏で追い払う場面を描く表現で、救いを求めようとした意図が覗えます。現代のように電子顕

微鏡でウィルスの姿を見るようには理解できない状況下で、「得体のしれない何か」を疫鬼の形に起こす表現方法で認識し、理解への第一歩とし、その理解が安心へと繋がる糸口を求めたようです。

> 「疫病にあらがう術がなかった当時の日本人は、美術品や物語によって疫病という存在を把握して心の準備や、神仏の加護によって疫鬼が退治される物語を通して、先が見えない疫病の流行にも必ず終わりが来ることを理解することで恐れを和らげてきた。」

と、山本は語っています[97]。

一方、西洋美術史の視点では、日本に見られる疫病との共存を探るのではなく、疫病に対するキリスト教の考え方としての、神罰としての病の捉え方が見られます。死が襲ってきたり、病に倒れるというのは、神からの罰であり、多くの人間が亡くなるのは人間の罪によるので、その罪を悔い改めるべき、とする壁画はその説教のために描かれたという側面が見られます。

その一方で、ひたすら神に救いを求める民衆に「神は本当に存在し、救済してくれるのだろうか？」という信仰への揺らぎが生まれる原因にも繋がっています。

> ペストの蔓延がピークを過ぎた15世紀には、ヨーロッパ各地で「死の舞踏」と呼ばれる生者（国王・教皇から庶民まで）と死者が入り混じった絵が描かれ始めます。聖職者や国王が死者と手を取り合って踊る姿が描かれ、そこには死から逃れようとするのではなく、逃れられないものとして受け入れて向き合おうとする思想の誕生が見られます[98]。

洋の東西を問わず、人類は死や病と向き合う中で、目に見えない病を鬼や悪魔に置き換えて表現する造形美術は、見えない恐怖を見える形に変換するツールとして、見えるようにする方法で恐怖心からの解放を求め、心の平穏を得ようとしていたのでしょう。造形美術は、見えない恐怖から生きる支えを探究する手段もであったことが分かります。

（2）核に対する造形的表現者たちの視点

先に核についての項で触れましたが、人類は歴史上の過ちを繰り返す記憶喪失的な体質をもっており、二つの世界大戦の深い反省の下に築かれた国連等の国際社会の枠組みや、本書が扱う国際協力も、その反省から生まれたはずのものです。

そのことを、人類が今日の世界的忘却からハッ！と目を覚まして思い出す必要があるのではないでしょうか。国家単位で物事を捉える思考方法で陥るナショナリズム的な発想から過去の世界大戦が始まっており、その忘却を繰り返す歴史に歯止めをかけなければ、「人類滅亡の危機」という言葉が見え隠れしてくるでしょう。

国家ではなく人間として、国際社会に向き合い、この地球の運命共同体の同胞である人間同士、世界市民同士として交流する場作りこそ、この地球上で必要とされているのではないでしょうか。

ここでは、原爆等の核の問題を、造形的表現者たちの視点で見てみましょう。

① 土門拳

リアリズムを追求し、寺院仏像等、日本の伝統文化を独特の視点で切り取った写真で有名な、戦後昭和時代の日本を代表する写真家の一人として土門拳が挙げられます。彼の「ヒロシマ」という写真集の中のひとつに、「被爆者同士の結婚　小谷夫妻[99]」（図2）という作品があります。

この写真を初めて見た時に、筆者はそこから放たれる某か分からない力に圧倒される思いがしました。そこに写っている被爆者夫婦の間で朗らかに笑う無垢な幼児の眼差しと、その愛児と共に笑う夫婦の笑顔が希望に満ち満ちているように感じられたからでしょうか。これまで述べてきたように、筆者

図2　土門拳「被爆者同士の結婚　小谷夫妻」
（土門拳記念館）

の出自も被爆者同士の結婚からであり、そこに重なる思いがあるからかもしれませんが、どのような状況であれ、新たな命の誕生は周囲に希望を与える存在であったことでしょう。そこに、「放射能の影響による大きな不安はあったにせよ……」という重い条件がついてしまうのですが。

　被爆された方々からは、子や孫に何か健康面で心配な点が見つかると、自分のせいではないかという念にかられると話される方が多くいらっしゃいます。さらに、それを自分の子どもには話せないとのことで、筆者の両親も同様であったのではないかと推察されます。これは、前述のように、結婚や出産に関して被爆者が抱えていた大きな壁であったと共に、それを乗り越えるための並々ならぬ決断と勇気が必要であった思いを、想像しないではいられません。

　戦後のGHQの統治下におけるプレスコードという言論統制があり、原爆の被害に関する諸々の実態は1952年に主権が回復するまで、国内においても公表されなかった歴史的事実は前述の通りです。筆者はその10年後に、両親から生を受けたことになります。

　土門が撮影した小谷夫妻は、誕生した我が子を抱えて3人でにこやかに笑っています。1957年撮影時に、その子は1歳半くらいと見受けられます。原子爆弾による被爆という、これまでの人類史上未経験の壮絶な現場体験を子どもの頃に余儀なくされた二人が生き延び、出会い、家族をもったこの幸せが続くようにと、撮影した土門の祈りを込めた眼差しが感じられます。

　それは、被爆12年後に初めて広島を訪れ、未だに残る原爆症の恐怖を伝えるために徹底したリアリズムにこだわり、「絶対非演出の絶対スナップ」等独自のリアリズム論を提唱し、歴史上の事実を人類との記憶として伝えていこうとする写真家としての気迫が感じられます。

　筆者が子どもの頃に、母がたまたまラジオで聞いた土門にまつわる話をしてくれたことがありました。土門は、最期を迎える10年以上の間昏睡状態で意識の無いままベッドに横たわっていたそうです。家族や兄弟たちも様々な苦労をされていたかと思われますが、そのお一人が思わず「いい加減に死んでくれよ……。」と呟いた時に、意識もなく聞こえていないはずの土門の目から涙が流れたということでした。植物状態とされる人間にそのような意識があったとしたらこんな辛い状態はない、という話を母は当時子どもであった筆者に語っ

たのでした。

　その母も、最期を迎える5年以上、土門と類似の状態になりました。筆者は、母から聞いたその話を思いだし、反応はなくとも聴いているであろうという思いで語りかけることを続けました。最後を迎える時も手を握り「生んでくれて育ててくれてありがとう。」と繰り返しました。母は眠るように、看護師が筆者に伝えるまで気がつかなかった程、静かに世を去っていきました。反応はなかったけれども、気持ちは届いていたものと信じたい思いです。

　土門の被爆者夫婦の写真を見て、そのような場面が思い出されます。この小谷夫妻にとって、彼らの被爆等まるで無かったかのように、愛児が健やかに育ってくれることが、奇跡にかけるような願いであったに違いありません。土門のレンズは、彼らのそのような思いや、土門自身の真実を見つめる眼差しをも捉えています。

　写真は、人類としてその歴史的現場に立ち会った者のリアリティを、強い思いで伝えてくれています。筆者も幸いにして還暦を過ぎ、奇跡のような生のバトンを引き継いでいる命に深く感謝し、何かの形で人類の負の歴史をきちんと見つめ、それが繰り返されないために、国際社会の分断から再び戦火を招かないために某かの力になりたいと願うところです。武力ではなく文化で繋がる成熟した平和構築に向けて、非力ながら某かの力となって取り組むことは、せめて奇跡的な生のバトンを引き継いだ者としての務めであろうと思います。

② 丸木位里・丸木俊夫妻

　画家の丸木位里は、広島の原爆投下の3日後、疎開先の埼玉県から、故郷である広島に駆けつけ、妻の俊も1週間後に広島に入り、その惨状を目の当たりにしながら約1ヶ月滞在し救援活動にあたりました。

　人類史上例のないこの世における地獄絵図の実体験から、原爆の図連作を描きはじめましたが、当時は1945年の終戦後GHQによるプレスコードが発令され、原爆被害の報道が厳しい検閲を受けていた時期になります。試行錯誤を経て5年後に、水墨画家の位里と油彩画家の俊の共同制作による、「原爆の図　第1部 幽霊」が発表されます。はじめは1作だけの予定であったところ、その後は3部作に、それらは日本全国を巡回しながら公民館や寺院、学校の

体育館等で展覧会を開催し、GHQによるプレスコードによってそれまで知られていなかった被爆の実情を広く世に伝えました。また世界中のたくさんの場所に巡回展示され、丸木夫妻も絵と一緒に旅をします。そのようにして15部を数えるまで32年間、夫妻は原爆を描き続けました。最後の「ながさき」は、現在長崎原爆資料館所蔵となっています。

　1966年に夫妻は、「原爆の図」作品常設展示をするために、埼玉県東松山市に移住し、自ら原爆の図　丸木美術館を開設しました。しかしその後、原爆の図だけではなく、「南京大虐殺の図」「アウシュビッツの図」「水俣の図」「沖縄戦の図」等の大きな共同制作も描かれ、展示されています。そこには全て、戦争や公害等、人間が人間に対して行った暴力という共通のテーマが通底しています。それには、アメリカでの展示の際のエピソードがきっかけとなっている経緯が語られています。原爆の図をアメリカで展覧会開催とは大変な苦労であったけれども、そこで、

　　「例えば中国人の画家が、日本が行った南京大虐殺という絵を描いて日本へ持って行ったら、あなたはどうなさいます？　それと同じことです。[100]」

との問いを投げかけられたことがきっかけとなっているとのことです。その後、丸木夫妻は水俣やアウシュビッツ等を訪ねて取材をしながら、戦争と同様に繰り返してはならない、人間が人間に対して行う暴力の悲惨さと愚かさを、生涯をかけて描き続けます。それは、夫妻の没後も迫真の意気込みで観る者に語りかけてきます。しかし、それらの絵がピカソのゲルニカのように世界的に認知されているとは言えないところから、世界や未来に向けての伝え方について、我々も探っていくべき課題であると考えます。

③ **岡本太郎**

　神話の項にて、岡本太郎の「明日の神話」について触れさせていただきました。現在渋谷駅連絡通路に展示され、観光名所としても多くの人が訪れますが、ここで改めて造形的表現者たちの視点として、太郎のメッセージとして制作された点にフォーカスして再考させていただきます。彼の作品は、丸木夫妻が原爆投下数日後に広島を訪れ、かつて人類が体験したことのない地獄絵図の世界を体感し、その悲劇を伝え、二度と繰り返されないための祈りとして描いた原

爆図とは異なる視点で制作されています。

　彼の、メキシコでの制作途中の写真に「HIROHIMA NAGASAKI」と書かれているものがあり、第五福竜丸等も描かれている絵のイメージからも原爆等核兵器をテーマにしている点は明らかです。しかし、岡本太郎美術館 HP には、

　　「原爆の悲劇を反省し、平和を祈るだけの現世利益的な癒やし系ではない。[101]」

との岡本太郎美術館長の言葉が寄せられています。また、

　　「単なる被害者の絵ではなく、人は残酷な惨劇さえも誇らかに乗り越えることができる、そしてその先にこそ『明日の神話』が生まれるのだ、という岡本太郎の強いメッセージが込められている。」

との、美術館としてのコメントが見られます[102]。

「明日の神話」がたどった数奇な経緯は、広く世に知られているところではありますが、ここで振り返っておきましょう。

　メキシコ人実業家マニュエル・スワレスからメキシコオリンピック開催に向けて、首都中心部に建築中のホテルの壁画制作を依頼され、岡本太郎は制作を始めます。この頃は 1970 年開催に向けた大阪万国博覧会のテーマ展示プロデューサーを引き受け、「太陽の塔」建設への始動直前の時期でもあり、敢えて困難を選ぶ太郎の生き様と共に、それを実行するに当たっての常人には無い、強大なエネルギーや使命感が感じられます。しかし、依頼者の経営状況が悪化し、ホテルは未完成のまま放置され、その後人手に渡り、壁画は各地を転々とした後行方不明となりました。2003 年にメキシコシティ郊外の資材置き場に保管されていた壁画が発見され、太郎のパートナーであり秘書、後に養女となった岡本敏子によって確認され、痛みの激しかった『明日の神話再生プロジェクト』が始動し、2006 修復が完了、汐留にて初一般公開、東京都現代美術館を経て、現在の渋谷に恒久設置に至っています。

　敏子のメッセージには、以下の言葉が見られます。

「これはいわゆる原爆図のように、ただ惨めな、酷い、被害者の絵ではない。燃えあがる骸骨の、何という美しさ、高貴さ。(中略)

外に向かって激しく放射する構図。強烈な原色。画面全体が哄笑している。悲劇に負けていない。

あの凶々しい破壊の力が炸裂した瞬間に、それと拮抗する激しさ、力強さで人間の誇り、純粋な憤りが燃えあがる。(中略)

その瞬間は、死と、破壊と、不毛だけをまき散らしたのではない。残酷な悲劇を内包しながら、その瞬間、誇らかに『明日の神話』が生まれるのだ。岡本太郎はそう信じた。この絵は彼の痛切なメッセージだ。絵でなければ表現できない、伝えられない、純一・透明な叫びだ。

この純粋さ。リリカルと言いたいほど切々と激しい。[103]」

作品の解釈は、各々に委ねられて然るべきですが、明らかに丸木夫妻の原爆図とは違う視点で、人類の神話としての未来へのメッセージが、強く、しかし可能な限りニュートラルに込められている点が感じられるのは筆者に限ったことではないかと思われます。

太郎は、マヤ・アステカ古代文明における生け贄から、太陽と人間、生と死の相反する表裏一体の宇宙的な捉え方や原初の呪術的な思考への高い関心と共感をもっていたと、「美の呪力」等、多くの著書で語られています。また、その文化を色濃く残した末裔としての先住民やスペイン文化との融合によって生まれる特異な文化形成、先住民族やメスティーソへの差別を発端に起きる20世紀初頭のメキシコ革命と連動したメキシコ壁画運動、等からも強い影響を受けています。エリート階級ではなく社会に打ち出すマニフェストとしての民衆のARTとして、シケイロスらへのリスペクトと共に、メキシコオリンピックを舞台として、日本から世界へのメッセージとして強い意欲をもって制作された意図や、ピカソのゲルニカが大いに意識されていた点も覗えます。

さらには、彼自身の戦争体験や、戦場においても敵兵に銃を撃つ経験はなかったとの語りや、当時の東西冷戦による核の脅威への反核メッセージ、高度経済成長によるひずみや当時の社会的背景による東西冷戦での核の脅威や政治的発言を厭わない生き方等からも、平和構築に向けての強い意志が感じられま

す[104]。

　また、同時期に制作された「太陽の塔」にも、万博のテーマであった「人類の進歩と調和」に対し、進歩ではなく縄文への回帰への思い、人間が生きる喜びをとりもどす方法を、人間の本来あるべき姿を込めた思いが伝えられています。

　岡本太郎美術館学芸員の大杉は、

　　「神話は、信仰や時代的なイデオロギー、地域文化の表象としてではなく、人類の持つ普遍的価値観や生命の根源的な法則を物語として伝えているものであると言える。[105]」

と記していますが、まさしく岡本太郎はそのような観点で、人類にとっての「明日の神話」を造形的に生みだしたことが分かります。日本のみならず、さらに世界でもっと知られるべき渾身の作品であろうと考えられます。

（3）造形的に伝える
①「次世代と描く原爆の絵」プロジェクト

　核についての項で触れましたが、戦後80年を間近に迎え、人類史上未経験の惨事を生んだ原爆の語り部としての被爆者の高齢化は避けられません。被爆体験時新生児だった方がまもなく80代に入り、当時の記憶がある証人は90代になり、遠くない将来、体験者による語りに耳を傾けることができなくなる日が来るでしょう。核爆弾の下で起きた事実を忘れないために、人類としての記憶から無くならないために、人類としての忘却を避けるために、そしてその大前提として、歴史的事実を改めて知ることから始めるムーブメントが世界規模で求められます。被爆者の語りを、どのように未来に伝承していくかは、今日的な大きな課題です。

　その課題に関して、広島市立基町高校の創造表現コースの生徒たちが、被爆体験者の方々からの証言をもとに油絵に描いて記録する、「次世代と描く原爆の絵」プロジェクトが2007年より続けられています。その詳細は弓狩による「平和のバトン　広島の高校生たちが描いた8月6日の記憶[106]」に綴られています。

原爆体験者の高齢化が進む中、その悲惨な歴史的事実が人類から忘れ去られてしまわないようにと、勇気を振り絞って話し始めた証言者の方々がいらっしゃいます。それに耳を傾け絵に描くことで、高校生達が引き継ぎ、広島平和記念資料館に所蔵される活動が続いています。しかし戦後80年を迎えようとしている中で、体験者の高齢化が進み、この活動には自ずとその限界が近づいてきています。

　その基町高校の創造表現コースの卒業生達は、進学先として全国の美術系の大学等を選ぶ場合が多いのですが、筆者の勤務先である東京造形大学もそのひとつになります。その卒業生からこのプロジェクトの話を伺い、若い高校生達が必死にバトンを引き継いでいる中、筆者は両親が被爆体験者でありながら何もできていない自分自身に愕然としました。本書の執筆もその思いからの活動のひとつになります。

　被爆体験を語らなかった方が、高齢になってから孫に話すことが少なからず見られるとの話を、広島に訪れると耳にしますが、筆者の父もその一人でした。筆者の娘は、祖父にあたる筆者の父からその体験談を聞いています。基町高校の生徒たちも、証言を聴いてあまりにショッキングな内容であり、不安定になる生徒も見られる場合へのケアも十分考慮されながらの取組みである経緯は「平和のバトン」内でも触れられています。

　被爆体験者が心の奥底に抱え通してきたものはあまりにも重く、そのバトンを引き継ぐのもやはり簡単ではないことが分かります。当時娘はアメリカの大学で学んでいたため、その話をもとに大学でスピーチした際には、アメリカの歴史観による反論が多く寄せられたとのことでした。

　祖父が亡くなった後、娘は広島を訪れ、祖父が歩いた道を地図を見ながら歩いてみたそうです。祖父は生前、自分がたどった道を赤鉛筆で地図にかきながら話をしたようです。広島から戻ってきた娘から、ある小学校の前に山田という家があったと聞かされた時、「それがおじいちゃんの実家だよ。」と娘に話しながら、人生の中で広島にも実家にもほとんど戻ることのなかった父が、孫娘を案内してくれたようにも感じられました。

　娘から話を聞いた筆者も時を経て広島を訪れ、娘からそのルートを教えてもらい、かつて父が歩き、娘がたどった足どりを確かめながら歩いてみました。

Ⅳ　平和の糸口を探るための造形美術の可能性

筆者の人生の記憶は広島に住んでいた幼小の頃から始まってはいるのですが、幼稚園の年少当時に別の地に転居して以来、全国を転々とする転勤族であった父の関係で、夢のようなおぼろげな記憶と共に、父が歩いた道を踏みしめました。

　「次世代と描く原爆の絵」の展示は、毎年広島市内で開催されていますが、それぞれの絵に描かれた場面がどこで起きたのかを示す地図と、証言者の言葉が添えられています。それらの原画と初対面した際には、13歳という多感な年頃であった父がその時に歩いた道のあそこで、ここで、突然自分の生活世界が地獄の惨状と化した中に身を投じられた体験を受け止めながら、一枚一枚の絵と向き合いました。そうすることで、父が決して筆者に語る事のなかったその惨状を、父の目として絵の世界に入り込む追体験へと導かれました。そこに再現された世界の中にその身を置いていた体験者の子である筆者にとっては、作品という扉を通り越して、その向こう側の世界に入っていく疑似体験に繋がっていきました。そこで、高校生によって描かれた作品は、筆者の中でリアルな画像や映像に変換されます。平和祈念資料館等に現存する数少ない被爆直後の写真はモノクロであるため、人間の目が捉える現実世界にある種のフィルターがかけられた状態で伝えられます。しかし、それを生身で体験せざるをえなかった父や被爆者達は、現実の炎や血や煙の色の中で、助けを求める阿鼻叫喚の中、生きながら家の下敷きになって焼かれる人々が放つ臭いを感じながら、生きるために必死で逃げたのでしょう。絵を観るのを中断し、一度現実の世界に戻ってこないと自分の身がもたなくなりそうな程、それは重い疑似体験となりました。

　これは広島のみならず、日本中、世界中で観てもらう必要があると感じました。両親が被爆を体験した二世である筆者ですら、これらの作品を観るまでは、原爆は歴史上の重要な出来事ではあっても、それが自分事にはなっていなかったのです。高校生たちが必死で引き受けたバトンは、世代を逆戻りする形で筆者にも確実に手渡されました。それもあり、残された人生の中で自分のできる何かを真剣に探っているところではありますが、それについてはまた機会を改めてお伝えしたいと思います。

　この「次世代と描く原爆の絵」プロジェクトは、造形のひとつの可能性を示

してくれています。このようなプロジェクトは原爆に限ったことではなく、地球上で人類によって引き起こされる様々な悲劇や、天災等による災害現場における体験者の生の声を、世代を越えて伝えていく方法の有効な手段のひとつではないでしょうか。勿論、体験者が表現する方法も含めて、造形的に残していくやり方で時や場所等の壁を乗り越えて伝えられていく可能性が期待されます。

　体験者の語りを傾聴する姿勢から、様々な表現が生まれます。それが仮に造形的なものであれば、それを鑑賞し、感じ、深く考え、鑑賞者がそれを自分事に置き換える変化が生まれるかも知れません。さらに、それをまた新たな形で表現し、その表現をまた鑑賞し、語り合い、広がり繋がっていきながら、自分事として捉えた人々が、この社会や世界のあり方を捉え直し、より良い方向にデザインし直していくことに繋がる可能性を秘めています。
　繋がりや、語り合い、共感を生む場の創出によって、造形的視点で見るときに起こる変化や変容、気づきや新たな視点の獲得へと導かれるでしょう。そこから他の表現へ、ダンス、音、リズム、歌、音楽、詩、演劇、映像……等、それぞれの表現に繋がっていくムーブメントは、人類の文化的なフェスティバルにもなり得ます。その波動がこの星の上で伝わり、振動し続けていければ、分断を生む文脈を越えて共感できる力になるのではないかと、筆者はその可能性に望みを託さないではいられません。あらゆる分野のARTは、TVやネットの画面の向こうで起きる遠い世界を、自分事として捉え直し、暮らしの延長線上として、そこにアクセスするための道具を創ることになり得ます。

② ユーモアと遊び心
　造形的に伝える方法について考えてきましたが、そのためのエンジンのような役割を果たすのは、遊び心やユーモアとも言われています[107]。このユーモアというものも人類に特有なもののひとつであり、潤滑油としての効果に繋がる大切な要素になるでしょう。
　政治的なスピーチにおいてもそれは求められるところですが、国際的にユーモアセンスの無さを指摘される場面の多い日本の政治家は、ユーモアを交えたつもりが差別や偏見に繋がり、バッシングを受けて謝罪会見を開くような

ニュースが時折聞かれます。黙って真面目にコツコツ地道な努力をする生き方を良しとする文化が醸成されたきた日本は、多くの災害と共に生きていくことそのものが厳しい環境に置かれてきた歴史が影響されているのかもしれません。

　さて、子どもは遊び心やユーモアに関しては天才的な面が見られます。筆者がかつて国際協力活動に従事したパラグアイにおいては公用語が二つあり、スペイン語と現地語であるグアラニー語が話されており、学校教育でも両方が教えられています。これは、国内において数多くの現地語を抱える中南米諸国では、唯一の例外的な状況になります。よって、筆者が勤務していた教員養成校の授業においてはスペイン語が、休み時間でのプライベートな会話はグアラニー語で、というような使い分けがあり、農村部ではスペイン語が通じない人々も数多く見られました。しかし1990年代初頭当時の派遣前訓練においてはスペイン語のみで、現地語は派遣後に生活しながら学んでいくようにとされていたため、筆者はそれを派遣先の現地の子ども達相手に教わっていました。語学をマスターする近道のひとつが、その言語を話す子どもと遊びながら教えてもらう方法であると耳にした筆者は、さっそくそれを実行に移したのでした。

　パラグアイ人の家族の一部屋を借りて一緒に住まわせてもらっていた筆者は、一緒に住んでいる家族の子どもや近所のその友人達から、スペイン語でグアラニー語の話し方を教わってきました。単語や数え方や、生活に使うあらゆる場面でのセンテンスに加え、子ども達が聞かせてくれる地域の民話や、カックードと呼ばれる人面魚や伝説の謎の生命体等も教わり、筆者のノートにその絵や名前を記してもらい、必死に覚えていきました。しかしある日、そのほとんどは彼らの作り話であった事実に気が付く日がきました。外国人である大人がまんまと騙されていたのです。

　子ども達から教わったありもしない名称や単語等を、筆者は必死に覚えていたことになります。しかし、必死に言葉を学ぼうとする大人を騙して遊んで楽しんでいた彼らの、無から有を生む創造力や想像力、面白おかしく語りながら大人を騙していく遊び心には、腹を立てるのを通り越すほどの痛快さとユーモアがありました。馬鹿正直に信じて疑うことをしない自分自身の国際的な経験不足への反省と共に、子どもは皆、想像力と創造力の達人であり、遊びの天才であると、まさしく痛感させられた次第です。

日本の図画工作・美術教育に関しても、このようなユーモアや遊び心を刺激する題材が見られます。ユーモアは造形活動にとってのエンジンになるばかりではなく、本質的理解へとジャンプするきっかけを創る場面も数多くの教育現場で見てきました。ユーモアは、人々を繋げるための重要な潤滑油やメディウムとしての効果が期待できます。また、繋がりや語り合い、共感を生む場における活動や、コミュニケーションデザインをする際に、有効性を発揮できるのではないでしょうか。

（4）造形的視点
① 手による思考
　本章では、国際協力における造形的視点での実践や、文化人類学的なフィールド調査に類似する活動現場から浮かび上がってくる様々な課題からの学びや考察が、日常生活においても異文化間理解に繋がるようなヒントを得る可能性について考察してきました。造形美術が、紛争が絶えない国際社会の憎悪の応酬や負の連鎖を断ち切る可能性を探究できればと願ってのことです。
　ドイツの国務大臣兼連邦政府文化・メディア大臣モニカ・グリュッタースは、コロナ禍の世界に向けて「なぜ危機の時に芸術が不可欠であるのか」について以下のように語っています。

> 「*芸術とは、人間の生存という根本的な問題に向かい合う上で不可欠なものであり、特に今のように、確実性が崩壊し、社会的基盤の脆さが露呈し始めている時代には欠くことができない。（中略）民主主義は健康であっても一種の人工呼吸を必要としており、芸術の自由は生存に必要な酸素を民主主義に供給してくれる。*[108]」

　これは、「文化的存在としての人類」のところで触れた内容とも重なるところで、中沢の芸術人類学の考え方によると、私たちの心の内部にはまだ野生の沃野が残されており、人間としての本質を作っているものはそこにしか存在しないとして、芸術と私たちの心の奥底に眠っているこの記憶の領域との関係性に触れています[109]。
　そこで、芸術の造形美術分野にフォーカスするために、さらにその点につい

て考察していきます。

　図画工作や美術の教科書には、ピカソのゲルニカは恒常的に掲載され、キッズゲルニカ[110]等の活動が見られます。造形美術を通して平和を考える学習は、ピカソが亡くなった今日でも続けられており、これが未来へメッセージを伝える造形美術のもつ可能性のひとつであろうと考えられます。

　表現する生物である我々人類は、創造する生命体でもあり、表現から喜びや悲しみを本質的に共有できる仕掛けをつくっていける可能性を秘めています。人は誰もが表現者たり得ます。ここで、造形美術のもつ根源的な力について考えてみましょう。

　ホムンクルスの脳の中の小人の話を聞いたり、巨大な手をもつ像を見たことのある人は少なくないのではないでしょうか。人間が何かを認識する際に、如何に手から多くの情報を得ているかが分かり、手や触覚と脳の繋がりが分かります。物づくりを通して文化的存在となってきた我々人類の起源は、まさに手による思考に根差しています。

　衣食住をはじめ、人類の生活文化そのものが造形美術によって創り上げられてきています。美術館や博物館にあるものだけが美術なのではなく、人間によってつくられるものはARTであるという点では、英語でNATUREの対義語としての解釈に納得がいくところです。

② 場作りとしての現代ART的発想

　古代ギリシアでは、広場がアゴラと呼ばれ、政治や経済、議論や文化の拠点として機能し、生活の中心であったと伝えられています。現在、国際社会におけるアゴラの形成が求められるところです。

　それは、国や経済イデオロギー等の文脈を越えた世界市民としてのアゴラであり、しかもそれはインクルーシブなある種の井戸端会議のような、日常生活の一部や延長のような敷居の低いオープンなものが望まれます。

　そこで有効になってくるもののひとつが、人類の共通言語としてのARTです。さらにはその手法が現代ART的な、某かの課題意識を、作品を通して鑑賞者に体感させ、共に考え、変化や変容、気づき、繋がり等を生んでいくための場づくりがなされれば、世界市民のアゴラになるのではないでしょうか。

漢語では、武力によって治める武化に対して、言葉のもつ力で人々を治める方法が文化[111]とされ、この考え方の下、中国における官僚登用試験であった科挙が6世紀以降1300年間続いた歴史にも納得がいきます。人類は進化し続けてきた訳ではなく、時代と共に失ってきたものも多数あり、それを見直さざるを得ない状況に迫られている時代が、閉塞感の漂うまさに今なのではないでしょうか。武力ではなく、文化や議論によって解決の糸口を探り合う外交努力が、文化的存在としての本来のあり方です。

　アゴラにおいて、あらゆる文脈を越えた世界市民が交流し、ARTの交流を通して造形的な視点の感度が高まり、高感度な交流によって様々な壁を乗り越えて本質的な理解へと繋がる可能性があります。その場において、アーティストには、交流を生み出し、人々の変容や気づき、新たな視点が生まれるための仕掛けやデザインが求められるでしょう。

　相互に教え合い学び合い、アーティストと参加者同士が学び合うTake & Give、Win・Winの関係ができると、さらにその活動は広がっていくでしょう。これは国際協力にも通じる手法です。アゴラでの出会いから五感が研ぎ澄まされ、異世界への新たな扉が開かれ、第六感へと繋がるかもしれません。これは、本来、動物がサバイバルの為にもっていた感覚になります。引き出しの奥底にあって取り出せないでいた野生の思考を取り戻せるかもしれません。その扉をつくるためのツールや触媒のひとつがARTになりますが、誰しもがアーティストになれる可能性を秘めています。

　身近なところでは、異世代交流として、高齢者が子ども達に昔遊びを教えたり、学校に馴染めない子どもの居場所作りに関わったり、そこで子ども達が高齢者にスマホの使い方を教える等、相互に教え合い学び会う関係から何かの変化が生まれてくれば、それもひとつのアゴラにおけるARTとなります。誰もが今自分にできる何かを考えて行動し、変化を生むきっかけをつくっていく行動そのものが、造形的視点で見れば現代アート的実践です。

　そのような場づくりとしてのアゴラを形成し、そこに集い、世界市民としての表現のコミュニケーションが広がっていけば、異文化間の壁を下げる可能性があります。スマホを見ながら食事をするような、効率を重んじるばかりに、大切な五感からの情報を見落としがちな現代の生活を見直し、アゴラに集い、

五感を高めあう活動が求められます。重要な点は、そのアゴラは井戸端会議のような、日常の延長線上にある世界市民広場であることです。
　国家の指導者が、仮想敵国を悪と見なしてナショナリズムを煽り戦争へと導いた歴史が見られる中、今日の国際社会においても類似した状況が覗えます。多様な価値観の国際社会において、国家と国家やイデオロギーの対立の構図が浮かび上がり、特定の国家や団体やその指導者を挙げて悪の象徴と見なし、憎悪を煽るプロパガンダや報道が世界にはあふれています。しかし、ここで考えたいのは、そこに焦点化することで大切な何かが見落とされてしまう危険性です。
　目指されるべきは、人間がそれら国家やイデオロギーの犠牲にならないように、成熟した文化的な国際社会の構築です。この地球に未来の子ども達が暮らしていくためにここで考えるべきは、国家、民族、イデオロギー等のあらゆるコンテキストを越えた世界規模での人間と人間の交流の場の創出です。その構築が喫緊の課題として求められています。それが困難を極めているのが現在であり、今なお紛争が絶えてはいません。そして、核を保持した人類は、そのボタンが押されることで生存の危機にも繋がる状況下にある事実に、今一度向き合う必要があるでしょう。
　父や息子が兵士として徴兵されたり、戦場で他国の父であり息子であるはずの兵士の命を奪ったり奪われたりしない、成熟した文化的な国際社会が構築される必要があります。
　本書は造形美術や国際協力を通してその可能性を探ってきていますが、人間と人間の交流を生み出すための扉を作り、世界に風を通すデザインを、地球規模で考え実践していくムーブメントとして、国際井戸端会議のようなアゴラの形成のはじめの一歩を、地球規模でボトムアップ的に広げていければと思います。
　これはあまりに夢物語で遠回りのような印象がもたれるでしょう。しかし言語や様々な文化的背景や文脈を越えて、人間同士として本質的な理解に繋がるためのツールや媒体としてのARTの有効性に希望を託したいところです。世界で起こる事実をどのように自分事に置き換えていくのか、その変容を生むために、人類の本質的なところに立ち返り、共有する場としてのアゴラが求めら

れます。

③ 納得のいく不一致点の模索

　アゴラでのコミュニケーションを通して探り合いたい課題が、納得のいく不一致点になります。人類としての本質的な理解を経る経験によってはじめて、それぞれの文脈を越えて、理解しようとするための前提が生まれます。異文化を自分事として捉え直してみようとする気持ちから、一致団結は望めないながら、何とか納得のいけるところまでを探る、一致ではなくあくまで不一致でありながら、納得できるところ、それ以上踏み込まない線引き、気持ちの落としどころを相互に探り合う場に共に在ることが、何より大切なのではないでしょうか。

　私たちは、限定された日常生活の繰り返しの中でつい見失いがちではありますが、世界は多様な価値観の上に成立している点を再認識する学びが求められているのでしょう。世界のモノ・コト・ヒトは、その矛盾だらけの上に成立しており、また個の存在そのものも様々な価値観の違いの上で揺れ動きながら生きている矛盾を抱えています。その矛盾を前提とする共通認識の上に立脚し、世界において一致団結は望めない実状を前提としつつ、納得のいく不一致点を相互に模索する姿勢が、喫緊の課題として浮かび上がってきます。求められているのは、人間同士としての本質的な理解でしょう。この深いところを探り合う方法で、人類普遍の思いにたどり着きたいところです。

　改めて見直してみるまでもなく、この世は納得のいく不一致で成立しています。身近なところでは買い物の値段と品質の関係に始まり、国家間の取り決めに至っても全て納得のいく不一致点を探り合い、その落としどころを見出そうとする力が働いています。

　そこで相互に大切なものについて考えてみた場合、自分に繋がる大切な人々を思う気持ちは人類に共通している、というシンプルなところを共有することはできないでしょうか。家族や愛する人や、人生で関わりの深い仲間や友人、例え対峙する側の兵士であっても、それは誰かにとっての大切な親であり、子や孫であるという事実に向き合い、シンプルな捉え方は困難なのでしょうか。

　安全な日本にあってこのような拙論を書いていること自体が、紛争の中に身

を置く人々の気持ちを思えば、何も分かっていないとお叱りをうけるところでしょう。国家やイデオロギー、宗教、民族、歴史……等の文脈が複雑に絡んだ地域においては、大切な家族を紛争で失うことによる憎悪から復讐の応酬が繰り返されています。

　しかし、やはり暴力ではない、納得の不一致点の模索は実現に向けて動き出されるべき事です。これらの言及は、筆者が授かった奇跡的な生や、平和を夢見ながら無念の思いで力尽きた多くの人々のバトンを引き継ぎ、何とか未来に渡していく必要があっての思いからです。本書が世にとって必要な成熟した文化的国際社会の実現に向かって動き出される、そのムーヴメントの一助になれればと願わずにはいられません。

1）この活動は、東京造形大学・教職課程による「造形教育ネットワーク：ZeN」（芸術系教員の研修及び研究、幼児教育を中心とした生涯教育、国際的な造形教育実践者の人材育成）の3本柱の3つ目に該当する取組として2021年10月に開催された。
2）石賀直之、小林貴史、山田猛編著「シンポジウム2021　教育がつなぐ『国際協力×ZOKEIのポテンシャル』」を東京造形大学研究報　別冊19、東京造形大学、2023.3. pp.20–21。
3）https://www.jica.go.jp/about/recruit/project/index.html、　2023.9.2. アクセス。
4）JICA HP より、https://www.jica.go.jp/volunteer/outline/publication/results/jocv.html 2023.10.3. アクセス。※平成25年7月より、JICA ボランティア事業独自の部門別表記から、JICA 統一分野分類別表記に変更。※職種の統配合、改称、新設、廃止により平成25年7月以降、表記方法を変更。
5）山田猛編著「ART×国際協力―世界中に風を通す扉を―」青山社、2022、p.133-134。
6）万人のための教育世界会議：Education For All。タイのジョムティエンで開催され、その後の国際社会における教育協力や国際協力全般に大きな影響を与えている。
7）EFAのフォローアップとしてセネガルのダカールにおいて開催され、参加国はEFAを上回る164カ国、NGO の参加を含め1100人を超える大規模なものとなった。
8）2000年9月にニューヨークで開催された国連ミレニアム・サミットにて採択された国連ミレニアム宣言と、1990年代に開催された主要な国際会議やサミットで採択された国際開発目標を統合し、一つの共通の枠組みとしてまとめられたもので、初等教育の完全普及の達成や、ジェンダー平等推進と女性の地位向上等、8つの目標が掲げられた。日本ODA ホームページより、https://www.mofa.go.jp/mofaj/gaiko/oda/doukou/mdgs/about.html#mdgs_list

9）山田猛「日本の国際協力における美術分野の基礎教育について：On Basic Education for Art and Design in the Field of Japanese International Cooperation」東京造形大学院造形研究科博士後期課程、博士学位論文、2018、pp.43-45。
10）2001年に策定されたミレニアム開発目標（MDGs）の後継として、2015年9月の国連サミットで加盟国の全会一致で採択された「持続可能な開発のための2030アジェンダ」に記載された、2030年までに持続可能でよりよい世界を目指す国際目標。17のゴール・169のターゲットから構成される。本書がフォーカスする教育に関し、目標4「［教育］すべての人に包摂的かつ公正な質の高い教育を確保し、生涯学習の機会を促進する」に引き継がれている。
11）4.1　2030年までに、すべての子どもが男女の区別なく、適切かつ効果的な学習成果をもたらす、無償かつ公正で質の高い初等教育及び中等教育を修了できるようにする。
4.2　2030年までに、すべての子どもが男女の区別なく、にアクセスすることにより、初等教育を受ける準備が整うようにする。
4.3　2030年までに、すべての人々が男女の区別なく、手頃な価格で質の高い技術教育、職業教育及び大学を含む高等教育への平等なアクセスを得られるようにする。
4.4　2030年までに、技術的及び職業的スキルを含む雇用、働きがいのある人間らしい仕事及び起業に必要な技能を備えた若者と成人の割合を大幅に増加させる。
4.5　2030年までに、教育におけるジェンダー格差を無くし、障害者、先住民及び脆弱な立場にある子どもなど、脆弱層があらゆるレベルの教育や職業訓練に平等にアクセスできるようにする。
4.6　2030年までに、すべての若者及び大多数（男女共に）の成人が、読み書き能力及び基本的計算能力を身に付けられるようにする。
4.7　2030年までに、持続可能な開発のための教育及び持続可能なライフスタイル、人権、男女の平等、平和及び非暴力的文化の推進、グローバル・シチズンシップ、文化多様性と文化の持続可能な開発への貢献の理解の教育を通して、すべての学習者が、持続可能な開発を促進するために必要な知識及び技能を習得できるようにする。
4.a　子ども、障害及びジェンダーに配慮した教育施設を構築・改良し、すべての人々に安全で非暴力的、包摂的、効果的な学習環境を提供できるようにする。
4.b　2020年までに、開発途上国、特に後発開発途上国及び小島嶼開発途上国、ならびにアフリカ諸国を対象とした、職業訓練、情報通信技術（ICT）、技術・工学・科学プログラムなど、先進国及びその他の開発途上国における高等教育の奨学金の件数を全世界で大幅に増加させる。
4.c　2030年までに、開発途上国、特に後発開発途上国及び小島嶼開発途上国における教員養成のための国際協力などを通じて、資格をもつ教員の数を大幅に増加させる。
「我々の世界を変革する：持続可能な開発のための2030アジェンダ」、2015年9月25日、第70回国連総会で採択、外務省仮訳、pp.17-18。
https://www.unic.or.jp/activities/economic_social_development/sustainable_development/2030agenda/sdgs_report/　2022.12.8. アクセス。
12）持続可能な開発目標レポート2022、https://www.un.org/sustainabledevelopment/education/United Nations、Sustainable Developmento Goals　HPより、2023.2.12. アクセス。

13）山田猛「日本の国際協力における造形美術分野の基礎教育について」再掲、pp.47-49。
14）特定の民族や人種、時代や土地等に見られる固有の生活文化。
15）山田猛「日本の国際協力における造形美術分野の基礎教育について」再掲、pp.278-295。
16）同上、pp.86-187。
17）ピアジェの「認知的発達理論」からの考察で、シェマ（schema）：既に形成・保持している認知的枠組みや同化（assimilation）：外界からの刺激に対し、シェマやその応用によって解決できない場合に、調節（accommodation）：が求められる。外界からの刺激に対し、シェマや同化では対応不可となる場合に、既存のシェマ自体を修正・変化させて外界を認識の重要性が確認された。この調節にはエネルギーが必要となるが、それが心の柔軟性となろう。それによって既存の価値観を変化させて多様性受容に繋がる。
18）MOE 2019年8月号 p.12、MOE 2010年12月号　巻頭特集号　松岡希代子インタビューより、白泉社。
19）エリック・カール「はらぺこあおむし」等で世界的に著名なアメリカの絵本作家（1929-2021）。
20）山田「日本の国際協力における造形美術分野の基礎教育について」再掲、pp.86-187。
21）同上、p.251。
22）事業事前評価表　国際協力機構 社会基盤部都市・地域開発グループ
　　国名：エジプト・アラブ共和国（エジプト）
　　案件名：大エジプト博物館開館支援合同保存修復プロジェクト
　　Grand Egyptian Museum Joint Conservation Project (GEM- JC)
　　https://www2.jica.go.jp/ja/evaluation/pdf/2016_1502525_1_s.pdf　2022.12.8. アクセス。
23）開発協力大綱 〜自由で開かれた世界の持続可能な発展に向けた日本の貢献〜　令和5年6月9日　閣議決定、https://www.mofa.go.jp/mofaj/files/100514343.pdf　2023.8.30. アクセス。
24）田中明彦、毎日新聞 朝刊、解説面（11面）オピニオン、激動の世界を読む、2023.7.13。
25）同上。
26）山田「ART ×国際協力―世界中に風を通す扉を―」再掲、pp.197-204。
27）同上。
28）オギュスタン・ベルク、Augustin Berque（原名）、篠田 勝英（訳）『風土の日本―自然と文化の通態』ちくま学芸文庫、1992。
29）Robert Pogue Harrison（ロバート・P・ハリソン）"The Shadow of Civilization" March 1993, University of Chicago Press, March 1993.「森の記憶―ヨーロッパ文明の影」金 利光（訳）工作舎、1996、pp.89-146。
30）山田「日本の国際協力における造形美術分野の基礎教育について」再掲、pp.86-187。
31）中沢新一「神の発明　カイエ・ソバージュⅣ」講談社選書メチエ、2003、pp.1-205。
32）同上、pp.56-57。
33）同上、pp.57-58。

34）同上。
35）同上。
36）同上、pp.59–60。
37）同上、p.5。
38）同上、pp.5–7。
39）同上、p.62。
40）同上、p.5。
41）同上、p.6。
42）同上。トポロジーは、変形しても変わらない性質を追求するものであるが、穴の有無によってボールと浮き輪は本質的に異なるものと捉える。このような本質的な変形を指している。
43）同上、pp.120–124。
44）同上、pp.62–65。
45）同上、pp.104–110。
46）同上、pp.110–117。
47）同上、pp.2–3。
48）同上、p.13。
49）同上。
50）同上、pp.174–175。
51）同上、pp.200–203。
52）フランスの社会人類学者、民族学者。アメリカ先住民の神話研究等を行い、構造主義の祖とされ、現代思想としての構造主義を担った中心人物の一人である。
53）後藤明『世界神話学入門』講談社現代新書、2017、pp.1–20。
54）E.J. Michael Witzel, The Origins of the World's Mythologies、Oxford University Press, USA, 2013.
55）・ゴンドワナは、インド・サンスクリット語起源名で、現在のアフリカ、南アメリカ、南極、オーストラリア大陸及び、インド亜大陸、アラビア半島、マダガスカル島を含んだかつての大きな大陸。
・ローラシアはアメリカ大陸を意味するローレンシア大陸とユーラシア大陸からの造語で北半球に位置し、南にあったゴンドワナ大陸共々、現在の大陸移動前の地球にあったとされる。
・これらの命名に関しては比喩的なものであり、大陸移動によって神話群の分岐が起きたわけでは無い点は押さえておくべき点とされる。
56）後藤明『世界神話学入門』講談社現代新書、2017、pp.267–271。
57）カルロ・ギンズブルグ（著）、竹山 博英（訳）「神話・寓意・徴候」せりか書房、1992、p.276。
58）高橋沙奈美『迷えるウクライナ　宗教をめぐるロシアとのもう一つの戦い』扶養者新書、2023。
59）AFP BB News, https://www.afpbb.com/articles/-/3039683　2023.8.29.閲覧。
60）塩野七生『逆襲される文明、日本人へ　Ⅳ』文集新書、2017、pp.93–103。

61) 貝原哲生「6-7世紀エジプトにおける宗教的対立とその展開―地域的視点に立脚して―」(平成26年、大阪市立大学大学院 文学研究科 後期博士課程 哲学歴史学専攻 博士論文)。
62) ヨハン・ガルトゥング (著) 高柳先男・塩屋保・酒井由美子 (訳)『構造的暴力と平和』中央大学出版部発行)、1991。
ヨハン・ガルトゥング『日本人のための平和論』ダイヤモンド社、2017。
63) 松村圭一郎、中川理、石井美保 (編)「文化人類学の思考法」世界思想社、2019、pp.1-13。
64) 同上、第9章 佐川徹 (著)、2019、p.125。
65) ピエール・クラストル (著) 毬藻充 (訳)「暴力の考古学―未開社会における戦争」現代企画室、2003。
66) 橘玲「バカと無知―人間、この不都合な生きもの」新潮新書、2022。
67) 佐川徹「文化人類学の思考法」再掲、pp.132-136。
68) 「風よ 鳳仙花の歌をはこべ 関東大震災朝鮮人虐殺から70年」一般社団法人ほうせんか 関東大震災時に虐殺された朝鮮人の遺骨を発掘し返悼する会 (編)、ころから株式会社、1992。
69) 森達也、毎日新聞、2023.8.26. 総合面。
70) 橘玲、前掲。
71) 石川幹人「不安社会 健康情報の代償『疑似科学』に踊らされないで」インタビュー記事より、毎日新聞、2023.7.15 総合面。
72) 姜尚中、毎日新聞、読書面「アジアを生きる」(集英社新書)。
73) 菅原健一、毎日新聞、2023.2.16. 記者の目「映画『ラーゲリより愛込めて』鑑賞」において、ソ連の詩人ワルラーム シャーモフの文章 (1967) から引用。
74) 弓狩匡純「平和の栖:広島から続く道の先に」集英社、2019、pp.173-176。
75) 大江健三郎「ヒロシマ・ノート」1965、岩波書店、pp.4-5。
76) 同上、pp.109-110。
77) 同上、pp.6-7。
78) 同上、pp.49-50。
79) 同上、p.95。
80) 同上、pp.166-167。
81) 中沢新一「芸術人類学」みすず書房、2006、pp.v-xi。
82) 同上、pp.1-30。
83) ジョージ ハート (著)、吉村作治 (監修)、リリーフシステムズ、大英博物館 (訳)「知のビジュアル百科古代エジプト入門」あすなろ書房、2004。
84) レヴィ=ストロース「神話と意味」、みすず書房、1996、p.16。
85) 篠浦伸禎「人に向かわず天に向かえ」小学館、2009。
86) 「Volatility:変動性」「Uncertainty:不確実性」「Complexity:複雑性」「Ambiguity:曖昧性」の頭文字をとった言葉。
87) 勝美勝「勝美勝著作集第1巻 美学・教育論」グラフィックデザイン、1986、pp.15-44。

88）中沢、前掲「芸術人類学」p.25。
89）クロード・レヴィ＝ストロース（著）、大橋保夫（訳）「野生の思考」みすず書房、1976。
90）ジャン・ジャック・ルソー（著）、増田真（訳）「言語起源論　旋律と音楽的模倣について」岩波文庫、2016、pp.1–32。
91）ロバート・S・マクナマラ（著）、仲晃（訳）『マクナマラ回顧録―ベトナムの悲劇と教訓』共同通信社、1997。
92）クリストファー・アレグザンダー（著）、稲葉武司、押野見邦英（訳）「形の合成に関するノート／都市はツリーではない」鹿島出版会、2013、p.222。
93）奥村高明「マナビズム『知識』は変化し『学力』は進化する」東洋館出版社、2018、pp.138–148。西岡加名恵「教化と総合学習のカリキュラムパフォーマンス評価をどう活かすか」図書文化、2016、p.55 を引用。
94）石川幹人、毎日新聞「不安社会　健康情報の代償『疑似科学』に踊らされないで」インタビュー記事より、2023.7.15 総合面。
95）京都大学貴重資料デジタルアーカイブ、https://rmda.kulib.kyoto-u.ac.jp/item/rb00000122/explanation/amabie　2023.9.5. アクセス。
96）読売新聞大阪本社版朝刊記事、2019.12.1.「法隆寺フォーラム 2019 ―聖徳太子信仰の美術―」。
97）山本聡美、NHK 日曜美術館「疫病をこえて　人は何を描いてきたか」における解説より、2020.4.19。
98）小池寿子、NHK 日曜美術館「疫病をこえて　人は何を描いてきたか」における解説より、2020.4.19。
99）土門拳、写真「被爆者同士の結婚　小谷夫妻」（提供土門拳記念館）「ヒロシマ」小学館、1957 年撮影、p.1985。
100）原爆の図　丸木美術館 HP、https://marukigallery.jp/　2023.9.5. アクセス。
101）村田慶之輔「岡本太郎・誇らかなメッセージ『明日の神話』完成への道展」カタログ、川崎市立岡本太郎美術館、2005、p.4。
102）岡本太郎が描いた幻の巨大壁画、岡本太郎記念館 HP、https://taro-okamoto.or.jp/asunoshinwa　2023.10.1. アクセス。
103）『明日の神話』によせて　岡本敏子のメッセージ、岡本太郎記念美術館 HP、https://taro-okamoto.or.jp/asunoshinwa　2023.10.1. アクセス。
104）大杉浩司、「岡本太郎・誇らかなメッセージ「明日の神話」完成への道展」カタログ、川崎市立岡本太郎美術館、2005。
105）同上、p.37。
106）弓狩匡純「平和のバトン　広島の高校生たちが描いた 8 月 6 日の記憶」公文出版、2019。同書は、第 66 回青少年読書感想文全国コンクールの課題図書となっている。
107）北澤俊之「日常をとらえ直すための子どもの造形教育プログラムの構想：ユーモアを基盤として」ナカニシヤ出版、2020。
108）https://www.goethe.de/ins/jp/ja/kul/mag/21930923.html　2022.5. アクセス。
109）中沢、前掲「芸術人類学」。

110) ピカソのゲルニカと同じサイズ（3.5 m × 7.8 m）に、世界各地の子ども達が平和をテーマに描くという国際平和壁画プロジェクト。
111) 吉山青翔「文明と文化の概念上の非一致性」四日市大学、四日市大学環境情報論集 9、2006。

参考文献
- 山田猛編著、神谷哲也他「ART ×国際協力－世界中に風を通す扉を－」青山社、2022。
- 山田猛「日本の国際協力分野における美術教育－基礎教育への取組－」日本美術教育連合「日本美術教育研究論集」No.47、2014。
- 山田猛「日本のODAにおける造形美術教育：現職教員派遣の有効性」日本美術教育連合、「日本美術教育研究論集」No.50、2017。
- 山田猛「日本の国際協力における基礎教育分野の一考察―対中南米造形美術教育の技術移転に関する質的分析―」美術科教育学会「美術教育学」39 号、2018。
- 山田猛「日本の国際協力における造形美術分野の基礎教育について：対パラグアイ・ボリビアの比較による一考察」東京造形大学院生紀要『造形研究論集』東京造形大学大学院造形研究科、2018。
- 山田猛「日本の国際協力における基礎教育分野の一考察Ⅱ―対中南米造形美術教育の技術移転に関する質的分析」美術科教育学会『美術教育学』40 号、2019。
- 山田猛「日本の国際協力における造形美術分野の基礎教育：技術移転に関する地域比較による一考察」東京造形大学院生紀要『造形研究論集』2019。
- 山田猛「日本の国際協力における基礎教育・造形美術分野の一考察」日本美術教育連合、「日本美術教育研究論集」No.53、2020。
- 山田猛「パラグアイにおける教育改革 ―Education For All ～ World Education Forum ～」東京学芸大学附属竹早中学校研究紀要　第 54 号、2016。

あとがき

　プロローグでも触れましたが、この世に必要な何かをするために生を受けるのではないかという人生の捉え方で、プロローグとⅣ章を綴っています。人が幸せを感じられることのひとつに、誰かの役に立つことができたり、世の必要に対して貢献できたことがあろうかと思います。世の必要性と、自分のやりたいことや特技、興味のある事をリンクさせる方法を探ることが、人生にとっての生きがいにも繋がるように考えられます。「種の起源」[1] を著したダーウィンによれば、自然淘汰とは、有用であることで種が保存されていくという原理が説明されています。この点に関しては議論や諸説はあるにせよ、誰もが有用な存在でありたいと願うものではないでしょうか。

　右脳と左脳の項で触れましたが、『公』を考えることが、脳に新しい回路を開き、『志』を持つことがストレスを乗り越える脳を作るということが、脳外科医から報告されています。本書では、公である国際協力を専門にし、それを造形美術の力を信じて、派遣先の必要にアプローチし具現化を探る取組みをされている方々による実践報告がⅠ～Ⅲ章で綴られています。その活動そのものが、自身にとっても得るものが大きい事を体感されている方々であると推察されます。国際協力は施しではなく、見えなくなってしまっていることやさび付いた扉を開くための潤滑油としても作用し、新たな気づきや学びを与えてくれることがそれらの報告からわかります。

　この星は、未来の子ども達や生きとし生けるものからの借り物であると言われます。しかし今、平和構築に向けて、あらゆる分野の専門家が議論を重ねてきているにも関わらず、国際社会の紛争の戦火は収まるどころか憎悪の連鎖が広がっています。

　国際協力の造形美術を通して平和への糸口を探る本論は、あまりにも牧歌的な机上の空論であると一笑に付され、顧みられないことかもしれません。実際に戦火のただ中に於いては、何の効力も発揮できないでしょう。しかし、紛争が起きる前段階で、人間同士としての根源的なところに立ち返り、共感を生む

ためには、人類が本来持っていた力、脳内の引き出しの中で眠っている力を目覚めさせる必要があります。しまわれている再生への鍵は芸術にあり、その造形美術分野の可能性について拙論を展開させて頂きました。世界の至る所で、人々の心や知性が行き来して風を通す扉が求められています。共通言語としての芸術を通して扉が作られ、風を通す活動の広がりを信じたいと願います。

　筆者の勤務先の研究室にウクライナの美大生が描いたはがきサイズの絵が飾ってあります。ロシア侵攻後に、日本の若者が現地で彼ら美大生の作品を集め日本で展覧会を開催された際に伺い、現地や彼らの切実な様子を聞かせてもらいました。作品はその際に妻が購入したものです。その絵から、作者の思いがひしひしと伝わってきます。勤務先の美大生にも、授業で見せることで、同じ美大生でもある彼らも食い入るように観て何かを感じ取ろうとします。

　小さなその絵は、一枚の扉となって文化や国境、民族や宗教、言語を越えて作者によって表現された世界への入り口が開かれます。あらゆる表現は、扉となって開かれるのを待っているのかもしれません。世界には気がつかない扉が至る所にあふれているのでしょう。それに気づくアンテナを持ち、そのアンテナの感度を高めるために、本書は、国際協力の現場にいる方々の実践報告に加えて、拙論を展開してきました。扉に気がつき、開いてみることで、違う世界と繋がり、通路が作られ、風が通ってくることを願ってやみません。

（山田　猛）

謝辞：本書出版にあたり、多くのJICA海外協力隊員をはじめ、ODA、NGO、NPO関係者、被爆者、その二世三世の方々から、貴重なお話を伺い大変お世話になりました。そして、いつも支えてくれる家族、命のバトンを繋いでくれた今は亡き両親に、深く感謝申し上げます。

　また、本書は2022〜2023年度東京造形大学研究助成金を受けて出版されています。ここに感謝の意を表します。

1）チャールズ・ダーウィン「種の起源」光文社古典新訳文庫　上下、2009、pp.151-228。

■編著者プロフィール

【編著者】
山田　猛（プロローグ・Ⅳ章）
　東京造形大学教授、博士（造形）、東京学芸大学教育学部美術科、放送大学院文化科学研究科教育開発プログラム、東京造形大学造形研究科博士後期課程修了。
　アルゼンチン国立ミッショネス大学芸術学部講師、アルゼンチン・ポサーダス市立美術館絵画研修講師、青年海外協力隊員としてパラグアイ派遣、国立教員養成校講師、香港日本人学校中学部、東京都公立中学校、国立大学法人東京学芸大学・附属竹早中学校、東京造形大学非常勤講師等を経て現職。

【著者】
矢加部　咲（Ⅰ章）
　大阪芸術大学写真学科を卒業後、熊本市現代美術館に嘱託職員として勤務し学芸業務や市民参加型のアートプロジェクト、ワークショップ、美術館ボランティアの運営などに携わる。その後、青年海外協力隊員として東ティモールへ派遣され、平和構築系ローカルNGO BaFuturu にて、At risk youth と呼ばれる青少年らとともに、芸術表現活動を通してコミュニティー内の平和を推進するプロジェクトに携わる。これらの経験から、国や社会環境を問わない芸術表現活動や芸術教育の可能性を実感し、2014年にカンボジアで芸術教育支援を行う認定NPO法人JHP・学校をつくる会へ入職。現地事務所で当該事業のプロジェクトマネージャー、現地代表を務めた後、2022年に帰国し、現在は東京学芸大学大学院教育学研究科修士課程1年に在籍。研究テーマは「開発・国際協力分野におけるNGOによる芸術や芸術教育に関わる事業活動の評価」。

神谷　哲郎（Ⅱ章）
　国際協力機構（JICA）技術協力「エジプト　就学前教育・保育の質向上プロジェクト」チーフアドバイザー、ペパーソンインターナショナル株式会社代表取締役。東京学芸大中等教育教員養成課程美術専攻、青年海外協力隊（ヨルダン　職種　美術　1991～1993年）、国連開発計画（UNDP ガザ事務所　1994～1996年）、JICA本部勤務を経て、エジプト、フィリピン、イラク、パレスチナでコミュニティー開発、参加型開発、農業、教育事業等に従事。2012年に子ども子育て支援を担う社会企業「ペパーソンインターナショナル（株）」を起業。

石田　恒平（Ⅲ章）
　多摩美術大学絵画学科油画専攻。大学卒業後13年間、私立聖徳学園中学・高等学校で美術教育の現場に携わってきた。2014年JICA教師海外研修参加（モンゴル）、一般財団法人 東京私立中学高等学校協会 芸術体育系教科研究会 美術委員。ACCU ユネスコ・アジア文化センター 日韓国交正常化 招聘プログラム参加、2017年からJICA海外協力隊としてモ

ザンビーク共和国の中等教育学校で美術教育を教える。2022年より東京造形大学 大学院造形研究科 造形教育研究領域に在籍、実践研究活動にあたる。モザンビークの美術教育の現場に携わってきた経験から、2023年8月に現地調査及び現地での実践活動を実施。

ART×国際協力 ―世界中に風を通す扉を― Ⅱ 平和を探る

2024年 3月 31日 第1刷発行

編著者	山田 猛
発行者	池田 勝徳
発行所	株式会社青山社
	〒252-0333 神奈川県相模原市南区東大沼2-21-4
	TEL 042-765-6460 FAX 042-701-8611
	振替 00200-6-28265
	https://www.seizansha.co.jp/
印刷・製本	株式会社丸井工文社

落丁・乱丁本はお取り替えいたします。本書の一部または全部について、無断で複写、複製することは著作権法上の例外を除き禁じられております。

©2024 Takeshi Yamada
ISBN978-4-88359-388-0 C0036
Printed in Japan